끝나지 않은 바이러스 전쟁

포스트코로나를
대비하라

일상과 이상을 이어주는 책 ───────

일상이상

끝나지 않은 바이러스 전쟁

포스트코로나를 대비하라

ⓒ 2021, 최병대

초판 1쇄 찍은날·2021년 3월 31일
초판 1쇄 펴낸날·2021년 4월 5일
펴낸이·김종필 | 펴낸곳·일상과 이상 | 출판등록·제3003-2009-112호
주소·경기도 고양시 일산서구 일현로 140 125-406
전화·070-7787-7931 | 팩스·031-911-7931
이메일·fkafka98@gmail.com
ISBN 978-89-98453-79-4 03300

끝나지 않은 바이러스 전쟁

포스트코로나를
대비하라

최병대 지음

일상이상

코로나19를 새로운 도약의 기회로

20세기가 지나가고 2000년 1월 새로운 천 년, 즉 뉴 밀레니엄을 맞이하면서 지구촌이 흥분에 휩싸였다. 새로운 천 년에 대한 기대와 희망에 지구촌이 들썩였다. 그러나 새천년에 대한 환희도 잠시, 이내 여느 때와 다름없는 일상으로 이어졌다. 우리가 어느덧 새천년을 맞고 새로운 21세기가 시작된 지 20년이 훌쩍 지났다.

그런데 21세기가 시작된 지 20년이 되어갈 무렵에 예기치 않는 복병을 만났다. 바로 코로나19다. 새천년, 아니 21세기를 맞이하면서 처음으로 부딪힌 지구촌의 액땜이라고나 할까? 갑작스레 코로나19가 급습해 일상의 모습을 송두리째 빼앗아가 버렸다.

수원시정연구원에서는 매년 일반 시민들을 대상으로 하는 수원시민자치대학 강의를 개설 및 운용해 왔다. 그런데 코로나19로 인하여 더 이상 시민들을 대상으로 한 오프라인대면 강의를 진행할 수가 없었다. 고민 끝에 온라인 강의로 전환하기로 결정하였고, 그 강

좌 프로그램의 제목을 '똑! 똑! 코로나 19?'SRI: 수원시정연구원, 2020로 4
개의 특강을 실시하였다.

코로나 19에 대해 문외한인 저자는 코로나19에 관심을 갖기 시
작했으며, 마지막 온라인 강의인 4번째 강의의 주제를 이 책의 토대
가 되는 '코로나19 전 · 후 패러다임의 전환 및 우리에게 주는 교훈'
으로 하고 저자가 강의를 맡기로 하였다. 강의를 준비하면서 자료들
을 모으고 고민을 하다 보니 온라인 강의로만 묻어 두기에는 아쉬움
이 너무 많아 일반인들이 간단하게 읽을거리로 만드는 것도 괜찮을
것 같아 이 책을 발간하기로 하였다. 보다 많은 일반 대중독자에게
강의의 내용을 책으로 전하고 싶었기 때문이다.

우리는 코로나19를 접하면서 많은 것을 배우고, 생각과 고민을
하게 되었으며, 엄청난 고통과 더불어 교훈도 얻고 있다. 어찌 보면
코로나19가 우리 모두에게 남겨준 유산이 아닐까 싶다. 책 제목을
무엇으로 할까 고민하다가 『포스트코로나를 대비하라』로 하는 것
이 코로나의 유산과 교훈 모두를 포용할 것 같았다. 코로나19의 교
훈을 잘 되새긴다면 21세기를 슬기롭게 맞이할 뿐만 아니라 더욱
값지게 하는 길이라 여겨지기 때문이다.

이 책은 지구촌을 뒤흔든 전염병의 역사, 왜 현대국가는 과거보다 전염병에 취약한가? 코로나19를 계기로 드러난 선진국들의 참모습과 보건의료 서비스, K-방역의 실체, 코로나19가 남긴 유산, 포스트코로나를 어떻게 맞이할 것인가에 대한 내용을 중심으로 기술하였다. 저자는 보건의료분야에 종사한 경험도 없고, 방역전문가도 아니다. 단지 코로나19가 발생할 즈음에 수원시정연구원이라는 연구원 조직을 이끌면서 느끼는 단상들을 주섬주섬 모았다고나 할까? 코로나19라는 난국을 겪으면서 코로나19를 이해하는 데 작게나마 도움이 되었으면 하는 바람으로 이 책을 집필했다.

이 책을 집필하는 데 연세대학교 보건행정학과 정형선 교수님, 한양대학교 국제의료개발학과 한동운 교수님, 한림대학교 의료원 서명옥 교수님전 강남구 보건소장의 온라인 강의 및 '똑! 똑! 코로나19?'가 소중한 바탕이 되었음을 밝히고 거듭 감사의 말씀을 전한다.

마지막으로 이 책의 발간을 위해 최종원고를 꼼꼼히 살펴준 수원시정연구원의 이세구 박사님과 연구원 가족들, 평택대학교 이시화 교수님, 15년 동안이나 청와대에서 연설비서관을 지낸 김철휘 국장님께 고마움을 전한다. 또한 표와 그림 자료를 열심히 챙겨준 수원시정연구원의 문지영, 이도근, 최병훈 님에게도 감사드린다.

코로나19 백신이 개발되었지만 아직도 연일 수백 명의 감염자가 발생하고 있다. 코로나19에 대한 집단면역이 생기고, 우리에게는 새로운 변종 바이러스와도 싸워 이겨야 하는 과제가 남아 있는데, 이 책은 하루 빨리 코로나19와의 전쟁이 끝나기를 바라는 마음에서 집필하게 되었다. 이 책이 이 전쟁을 빨리 종식시키는 마중물이 되어준다면 더할 나위 없겠다. 지금도 세계는 코로나19와 전쟁 중이다. 현장에서 코로나와 사투를 벌이고 있는 의료진과 관계자들에게도 이 책을 바치고자 한다. 그분들의 노고와 희생에 경의를 표하며 감사를 드린다.

2021년 3월

수원시정연구원장 **최병대**

제1장

지구촌을 뒤흔든
전염병의 역사

1. 인류를 괴롭힌 전염병의 역사

바이러스란 놈은
보이지가 않으니
평소에는 잊고 지내기 마련이다.
그런데 아무도 모르게 인간에게 침투하여
전 지구촌 가족들이 공포에 휩싸이고 있다.
그동안 이놈들이 인류에게 얼마나 많은 고통을 안겼을까?

우리는 평소에 인간의 생존에서 가장 중요하고 필수적인 요소들을 망각하고 사는 동물이 아닌가 싶다. 한순간도 공기가 없으면 생존할 수 없는데도 불구하고 평소에 공기의 소중함을 잊고 지낸다. 건강할 때는 거들떠보지도 않다가 건강에 문제가 생기고서야 건강의 소중함을 뼈저리게 깨닫게 된다. 불과 수십 년 전만 하더라도 천연두, 콜레라, 장티푸스 등 바이러스 질환으로 고통을 받았는데, 과학기술의 발달로 이제는 쉬이 들을 수 없는 용어가 된 듯하다.

2020년 초부터 전 세계는 '코로나19'라는 예기치 않은 바이러스라는 복병을 만나 지구촌이 팬데믹 상황으로 내몰리고 있다. 코로나 19로 인하여 벌써 지구촌에서 1억 2,200여만 명2021년 3월 2일 기준의 확진자가 생기고 269만여 명2021년 3월 기준의 사망자가 생겼다. 코로나 19를 계기로 그동안 지구촌을 뒤흔든 전염병의 역사를 더듬어 보니 인류의 역사는 전염병과 사투를 벌인 역사였다.

지금까지 지구상에서 인류가 5백만 명 이상의 피해를 입은 재난은 5차례 있었다〈그림〉1. 그중 가장 피해가 큰 것은 14세기에 발생한 흑사병으로 7,500만 명의 목숨을 앗아갔다. 두 번째로 피해가 큰 것은 1918~1919년의 스페인독감으로 5천만 명이 희생되었다. 이어서 콜레라, 티푸스, 천연두 순으로 귀한 목숨을 잃었다.

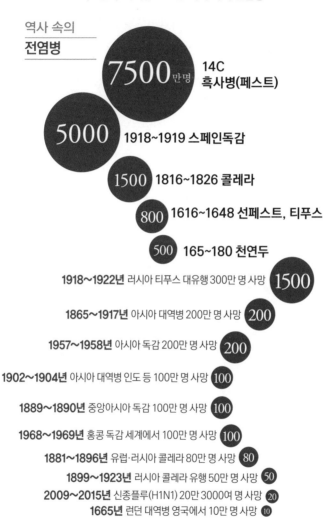

〈그림 1〉 피해규모로 본 역사 속의 전염병

역사 속의
전염병

7500만명 　14C
　　　　　흑사병(페스트)

5000　1918~1919 스페인독감

1500　1816~1826 콜레라

800　1616~1648 선페스트, 티푸스

500　165~180 천연두

1918~1922년 러시아 티푸스 대유행 300만 명 사망 **1500**

1865~1917년 아시아 대역병 200만 명 사망 **200**

1957~1958년 아시아 독감 200만 명 사망 **200**

1902~1904년 아시아 대역병 인도 등 100만 명 사망 **100**

1889~1890년 중앙아시아 독감 100만 명 사망 **100**

1968~1969년 홍콩 독감 세계에서 100만 명 사망 **100**

1881~1896년 유럽·러시아 콜레라 80만 명 사망 **80**

1899~1923년 러시아 콜레라 유행 50만 명 사망 **50**

2009~2015년 신종플루(H1N1) 20만 3000여 명 사망 **20**

1665년 런던 대역병 영국에서 10만 명 사망 **10**

출처: http://www.koreadaily.com/news/read.asp?art_id=3450776

최근에 와서는 전염병의 발생주기가 점차 짧아지고 확산속도가 빨라지고 있다. 2000년대에 들어와서도 2002년 사스를 비롯하여 2019년 코로나19까지 여섯 차례나 전염병이 발생하였다〈표 1〉. 그 이유는 자연환경의 파괴와 이동수단의 발달 때문이다. 환경파괴로 인해 동물들의 서식지가 파괴되고 동물에 잠복되어 있던 바이러스가 인간에게까지 침투하기 시작하였다. 인간에게 침투한 바이러스는 교통수단의 발달로 과거와는 비교할 수 없을 정도로 급속도로 전파·확산되고 있다.

〈표 1〉 전염병의 발생주기

	사스	신종플루	에볼라	메르스	지카바이러스	코로나
유행시기	2002	2009	2014	2015	2016	2019~ 2020
		7년	5년	1년	1년	3년
최초발생	중국 광둥	미국 샌디에이고	사우디아라비아	콩고민주공화국	우간다	중국 우한
주요지역	아시아 32개국	전 세계	아프리카	중동 및 아시아	중남미	전 세계

출처: 질병관리본부 감염병포털, 위키피디아

　바이러스는 동물에서 사람으로 전파되고, 교통수단 등 이동수단의 발달로 전파속도가 빨라지게 되었다. 사람과 사람과의 단순 접촉에서 전염되던 것이 14세기에는 유목민 시대의 주 교통수단인 말馬을 통해 전파되었고, 제1차 세계대전 종전 후에는 귀국 교통 수단이었던 선박이 전파 및 확산기재로 작용하였다. 최근에는 전 지구촌을 누비고 있는 비행기가 전염병을 급속도로 전파하는 수단이 되어버렸다. 바이러스로 무장한 전염병이라는 놈은 오늘날 비행기를 타면 이웃마을에 가듯이 세계 각국을 누비게 되었으니 동시다발적으로 지구촌을 강타하고 있다.

전염병이 전파·확산되는 또 다른 요인은 오늘날 초콘택트Contact 사회가 되었기 때문이다. 산업혁명 이후 사람들이 도시로 도시로 모여들기 시작하였다. 이로 인해 도시규모가 커지고 도시화가 급진전되기 시작하였다. 도시는 초콘택트 사회의 진원지가 되고 있다. 초콘택트 사회가 되어감에 따라 전 지구촌은 동시다발적으로 보이지 않는 바이러스가 창궐하기 위한 호조건이 되어가고 있다. 전염병이 전파되는 경로와 확산되는 양상을 살펴보면 〈그림 2〉와 같다.

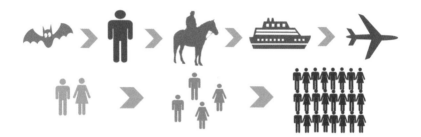

〈그림 2〉 전염병 전파 경로 및 확산 양상

2. 정부는 전염병에 잘 대처했을까? : 메르스사태의 경험★

위기에 대한 대응은 천차만별,
그 차이는 어디에서 연유하나?
유사한 위기가 또다시 찾아오는데도
대응력은 제자리걸음인데,
무엇 때문일까?
이젠 무언가 달라져야 하지 않을까?

코로나19가 발발하기 불과 4년 전에 우리나라는 메르스MERS: Middle East Respiratory Syndrome사태로 곤혹을 치렀다. 코로나19사태를 접하며 여기서 잠깐 메르스사태를 반추해 보자. 민주국가에서 정부가 해야 할 제1의 과제는 바로 국민의 안전을 책임지는 것이다. 반면에 국민은 4대 기본의무를 비롯해 시민에게 주어진 소임을 다할 때, 정

★ 이 글은 필자가 메르스사태가 터지면서 "메르스사태와 정부의 대응"(「지방행정」, 대한지방행정공제회, 제64권 제743호)이라는 글을 중심으로 재구성한 것임.

부와 시민들은 소통이 원활해지고 신뢰가 형성되어 국정이 효율적으로 작동된다. 하지만 국가재난이 발생하고 있는 일련의 사태는 국민들에게 심각한 불안감을 안겨 주고 있다.

2014년 4월에 발생한 세월호 사건은 전대미문의 선박사고로 미처 경험해 보지 못하였기 때문에 초기 대응에 실패하기도 하였다. 그러나 2002년 중국에서 발병한 사스SARS로 인하여 중국에서는 수백 명의 사망자가 발생하였지만, 우리나라는 단지 몇 명의 희생자만 발생해 슬기롭게 극복한 전례가 있다. 그럼에도 불구하고 2015년 5월 중동호흡기증후군인 메르스MERS 사태에서는 초기에 정부와 민간 의료기관의 안이한 대응으로 걷잡을 수 없이 악화일로로 치달았다. 이 사태를 통하여 감염병에 대한 정부의 부적절한 대응은 물론 일반 국민들의 인식도 무방비상태였음이 확인되었다. 더욱 안타까운 것은 반복되는 재해에도 불구하고 대응능력이 나아지거나 개선되기보다는 이전과 똑같은 실수를 되풀이하고 있다는 사실이다. 언제까지 이런 실수를 되풀이할 것인가?

메르스MERS사태가 발생하여 국가경제가 마비되고 온 국민은 충격 속으로 빠졌다. 정부는 7월 28일 메르스 첫 확진자가 발생한 이후 69일 만에 메르스사태가 사실상 종식되었다고 선언했다. 5월 20일 첫 메르스 환자발생 이후 그동안 36명이 희생되고 확진자 186명, 누적격리 대상자 16,993명이 발생하였다. 메르스 발생 초기에 '2m

이내, 1시간 이상' 접촉해야 감염된다는 출처불명의 기준 탓에 방역이 실패하여 확산되기 시작하여 첫 단추부터 잘못 끼워졌다는 비판이 제기되었다.

이슈가 터질 때마다 현장에서는 우왕좌왕하느라 정신이 없다가 정부는 6월 15일 민간 전문가 10명, 복지부 방역관 등 6명, 역학조사관 등 4명 총 24명으로 구성된 '삼성서울병원 민관합동대책반 즉각대응팀'을 구성해 활동을 개시하였다. 체계적이고 일관된 문제해결 프로세스나 접근이 실종된 채, 정치권과 비전문가들은 자기집단/그룹 중심적인 목소리를 내뱉어 문제해결을 촉진하기보다는 더욱 어렵게 만들기도 하였다.

그럼 왜 정부는 위기상태에 직면하여 같은 실수를 반복하고 있는가? 무엇보다도 정부의 방역에 대한 무지와 무사안일한 대응이 문제다. 2014년 세월호사태가 발생했을 때 관계부처 이외에는 모두 남의 집 불구경하듯 해서 문제가 된 것이 아닐까? 만약 각 부처에서 세월호사태를 자기 업무와 연계시켜 성찰해 보았더라면, 메르스 발생 초기에 보다 체계적이고 능동적으로 대응할 수 있는 기초라도 갖추어지지 않았을까?

중동권에서는 낙타로부터 전염되는 메르스가 흔히 발병하는데 글로벌시대에 중동권과 인적·물적 교류가 엄청남에도 불구하고 관련 부서에서는 메르스에 대한 기본지식이나 준비가 부족해 첫 단추부터 잘못 끼우는 우를 범하였다. 방역을 책임지는 정부가 이런 상태이니 일반 국민들은 메르스를 제대로 알 턱이 없다.

위기사태가 발생하면 무엇보다도 중요한 것이 현장에서의 초기 대응이다. 즉 현장책임자가 초기에 선先 조치하고 후後 대응/보고체계를 갖추는 것이다. 현장책임자의 전문성이 낮을 뿐만 아니라 응급 조치하기에도 급급한 상황에서 경직적인 관료체제(*문제의 조기 수습에 도움이 되기보다는 장애가 되는 형식적인 보고체계, 문외한인 비전문가들의 지나친 간섭 등*)에 매몰될 경우 사태가 조기에 진정되기보다는 확산될 우려가 한층 높아진다. 또 위기사태가 발생할 경우에 정부는 정확하게 그 사실을 국민에게 알리고 정부와 국민이 혼연일체가 되어 위기를 조기에 극복하도록 해야 한다. 특히 세월호 재난사태와 달리 메르스사태는 전염성이 높기 때문에 정부는 더욱 진정성에 기반한 국민과의 소통이 필요했다.

그럼에도 불구하고 정부는 정보차단에 급급하였으며, 이로 인해 소셜네트워크서비스SNS를 통해 광속으로 루머가 확산되어 걷잡을 수 없는 상황으로 치달았다. 급기야 서울시장은 시민불안감을 해소시키고자 심야 기자회견을 자청하여 평택성모병원에서 삼성서울병원 메르스의 근원지가 됨으로 이어지는 전파루트가 베일을 벗기 시작하였다. 이러한 와중에 메르스 환자는 급속도로 확산되었으며, 국민들의 정부에 대한 불신은 극에 달하기 시작하였다. 이로 인해 국가와 지방정부, 즉 중앙정부와 서울시는 불협화음을 표출하기도 하였다.

흔히 위기가 기회라고 한다. 이와 같은 위기 사태를 성찰해 보고 또 다른 우를 범하지 않도록 해야 한다. 이를 위해 무엇보다도 먼저 무사안일하고, 뒷북치며, 경직적인 관료 사슬구조를 탈피하여 관료조직이 존재하는 가치를 중심으로 국민의 공복公僕으로 거듭 태어나야 한다. 선제적으로 준비하고 대응해야만 위기의 발생을 예방할 수 있을 뿐만 아니라 초기에 적절히 대처할 수 있다.

또한 전염병은 중앙정부-지방정부-국민이 삼위일체가 되어야 효과적으로 극복할 수 있다. 즉 중앙정부와 지방정부, 보건소, 국민들이 유기적인 협조체제와 역할분담을 이루도록 해야 한다. 2015년 우리나라에서 발생한 메르스사태는 중동에서 발생한 경우와는 여러 가지 다른 특징을 보인 것으로 나타났다고 한다. 이를 계기로 세계 메르스 전염병에 대한 임상 및 관련 연구의 진원지가 되고 교두보가 되도록 할 필요가 있다.

세계적인 물류회사인 페덱스에는 '1:10:100의 법칙'이라는 것이 있다. 불량이 생길 경우 즉각 고치는 데는 1의 원가가 들지만, 책임소재나 문책 등을 피하려고 이를 숨기고 그대로 기업의 문을 나서면 10의 원가가 들며, 이것이 고객 손에 들어가 클레임으로 이어지면 100의 원가가 든다는 법칙이다. 이제라도 문제의 근원을 다시금 면밀히 분석·점검하여 사후약방문이 되지 않도록 해야 한다. 중국

속담에 "멀리 있는 물은 가까이 있는 불을 끄지 못한다遠水不救近火"라고 한다. 무엇보다도 중요한 것이 위기의 예방이고, 위기 발생 시에는 선제적으로 현장에서 조기에 진압할 수 있는 근원적인 대안과 실행력을 갖춘 처방이 마련되어야 한다.

3. 왜 '코로나19'인가?

코로나19의 급습으로 지구촌이 공포에 휩싸이고 있다. 그동안 잊고 지냈던 전염병이 재조명되는 계기이기도 하다. 바이러스 전염병 하면 우선 20세기 초인 1918년에 발생해 약 5천만 명의 생명을 앗아간 스페인독감을 떠올린다. 전염병의 명칭에는 필수적인 정보가 담겨 있다. 즉 전염병의 명칭에는 전염병의 속성, 최초 발생지역 및 발생시기 등이 담겨 있다. 그런데 코로나19는 왜 지역명이 없으며 '19'의 숫자는 무엇을 의미할까? 한동운 교수한양대학교 국제의료개발학과 교수에 의하면 우리나라에서 코로나19의 공식 용어는 '코로나바이러스 감염증-19 약칭 '코로나19''라고 하고, 국제적으로는 'COVID19 Coronavirus Disease-19'라고 한다.

국제보건의료 측면에서 볼 때 질병이나 감염병의 명칭에는 '스페인독감'과 '홍콩독감'같이 지명이 등장하기 마련이다. 이번에도 초기에 '우한 바이러스' 또는 '차이나 바이러스', '차이나 독감' 등 지명과 관련된 명칭이 등장하였는데 정치적 요인 등에 의하여 WHO

전문위원회에서 지역명칭을 넣는 것에 대하여 이견이 있어 지역명을 빼기로 하였다. 즉 아직까지 중국 우한이 최초 발생지가 아니라는 중국 측의 강력한 항의로 지역명이 사라지게 되었다. '코로나'는 바이러스의 명칭이고, '19'는 발생시기인 2019년을 의미한다한동운. "코로나19 팬데믹에 대하여 지방정부 및 주민들은 어떻게 대응해야 할까?", 똑! 똑! 코로나19?, SRI, 2020: 9. 만약 코로나19가 중국 우한이 아니라 지구촌의 변방국에서 발생했다면 '코로나19'라는 명칭은 달라지지 않았을까?

4. 에피데믹과 팬데믹

흔히 전염병하면 에피데믹Epidemic을 떠올리는데, 그동안 우리에게 팬데믹은 꽤 낯선 용어였다. 2015년 한국을 강타한 메르스사태로 전국이 난리법석을 떨었지만 팬데믹이란 용어는 거의 회자되지 않았었다. 이는 당시 메르스가 국가 간·대륙 간 전염양상을 보이기보다는 우리나라에서 공동체 중심으로 전염병이 발생·확산되는 국지적 특성을 보였기 때문이다.

세계보건기구는 전염병을 6단계로 구분하고 있는데 가장 심각한 단계가 대유행 또는 팬데믹이다. 3단계부터는 인간에게 전염이 시작되는 단계이며, 4단계에는 공동체 수준으로 전염이 확산되므로 에피데믹 단계라고 한다〈그림 3〉 참조. 세계보건기구는 2020년 3월 11일 6단계인 '코로나19' 팬데믹Pandemic을 선언했다.

1948년 4월 7일에 세계보건기구가 출범한 이후 팬데믹을 선언한 것은 모두 3번인데〈그림 4〉 참조, 첫 번째는 1968년에 홍콩독감으로 전 세계에서 100만 명이 사망한 사건이고, 그 다음은 2009년에 신종플루로 1만 8천여 명이 사망하였으며, 이번 코로나19가 세 번째 이다한동운, 2020: 13.

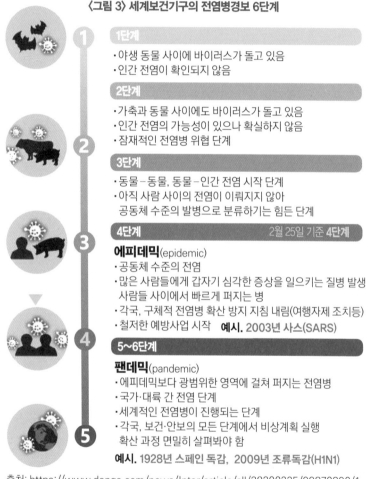

〈그림 3〉 세계보건기구의 전염병경보 6단계

1단계
· 야생 동물 사이에 바이러스가 돌고 있음
· 인간 전염이 확인되지 않음

2단계
· 가축과 동물 사이에도 바이러스가 돌고 있음
· 인간 전염의 가능성이 있으나 확실하지 않음
· 잠재적인 전염병 위협 단계

3단계
· 동물–동물, 동물–인간 전염 시작 단계
· 아직 사람 사이의 전염이 이뤄지지 않아
  공동체 수준의 발병으로 분류하기는 힘든 단계

4단계   2월 25일 기준 **4단계**
에피데믹(epidemic)
· 공동체 수준의 전염
· 많은 사람들에게 갑자기 심각한 증상을 일으키는 질병 발생
  사람들 사이에서 빠르게 퍼지는 병
· 각국, 구체적 전염병 확산 방지 지침 내림(여행자제 조치등)
· 철저한 예방사업 시작   **예시. 2003년 사스(SARS)**

5~6단계
팬데믹(pandemic)
· 에피데믹보다 광범위한 영역에 걸쳐 퍼지는 전염병
· 국가·대륙 간 전염 단계
· 세계적인 전염병이 진행되는 단계
· 각국, 보건·안보의 모든 단계에서 비상계획 실행
  확산 과정 면밀히 살펴봐야 함
예시. 1928년 스페인 독감, 2009년 조류독감(H1N1)

출처: https://www.donga.com/news/Inter/article/all/20200225/99870890/1

〈그림 4〉 WHO World Health Organization **설립 이후 팬데믹 선언역사**

세계보건기구 WHO
설립연도 : 1948년 4월 7일

World Health Organization

1968년	홍콩독감 전 세계적으로 100만 명 사망
2009년	신종플루 전 세계적으로 1만 8천여 명 사망
2020년	코로나19 전 세계적으로 269만 명 사망(진행 중)

**팬데믹이란 세계적으로 감염병이 대유행하는 현상 또는
그 질병 자체를 가리키는 용어로 '세계적 대유행'으로 표현함.**

출처: 한동운, "코로나19 팬데믹에 대하여 지방정부 및 주민들은 어떻게 대응해야 할까?"
(시민자치대학 온라인강의, SRI, 2020)에서 재활용함.

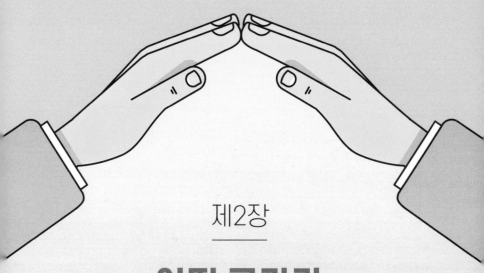

제2장

———

어떤 국가가
전염병에 취약할까?

1. 한국은 왜 전염병에 왜 취약한가?

전염이 된다는 것은
교류와 접촉이 그 바탕인데,
그럼 대한민국의 교류와 접촉수준은?
단연 세계 최고!

전염이란 병이 남에게 옮는 것을 말한다. 병이 전염되기 위해서는 접촉하거나 지근거리에 있어야 한다. 이는 밀도와 밀접한 관련성이 있으며 밀도가 높으면 높을수록 전염병에는 취약하다는 것을 의미한다. 한국은 좁은 국토면적에 5천만 명 이상이 거주하는 고밀도국가이다. 게다가 100명 중 약 92명이 초고밀공간인 도시에 거주하고 있다. 대한민국은 도시국가와 다를 바 없다.

도시 간 거리도 교통수단 등이 발달해 전 국토가 1일 생활권시대로 진입하였다. 서울-부산이 4시간 10분에서 95분이 단축된 2시간 35분으로, 그동안 태백산맥이 가로막고 있어 왕래가 불편했던 서울-강릉이 5시간 47분에서 무려 275분이 단축되어 1시간 12분이 되었다〈표 2〉.

국토공간이 고효율적으로 개발되고 소통과 교류가 원활해질수록 국가 전체의 경쟁력을 높일 수 있다. 하지만 이번 코로나19사태에서 와 같이 예기치 않은 전염병이 발생하면 극도로 위험해질 수 있다.

미국 UC버클리 대학과 영국 임페리얼 칼리지 연구진의 분석에 의하면, 만약 이번 '코로나19'에 대하여 한국이 K-방역으로 선제적 이고 능동적으로 대처하지 못하였다면 전 인구의 75%에 해당하는 약 3,800만 명이 감염되었을 것이다중앙일보 20.6.9.. 하마터면 끔찍한 사태가 발생할 수도 있었다.

이는 도시국가의 숙명이기도 하다. 전염병은 물론이거니와 각종

〈표 2〉 KTX 개통 전후 국토 공간상 지역별 시간거리 변화

구간		개통 전 (무궁화호/새마을호 및 고속 버스 기준)	개통 후 (KTX 기준)	단축시간
출발지	도착지			
서울	부산	4시간 10분	2시간 35분	95분
	광주	2시간 30분	1시간 33분	57분
	오송	1시간 30분	49분	41분
	대전	1시간 31분	52분	39분
	김천	2시간 40분	1시간 29분	71분
	대구	3시간 3분	1시간 44분	79분
	경주	4시간	2시간 10분	110분
	울산	4시간 40분	2시간 16분	144분
	강릉	5시간 47분	1시간 12분	275분

출처: 한국교통연구원 & KTX경제권 포럼,
　　'KTX 개통 10년 무엇이 달라졌을까'를 토대로 재작성함.

재해와 재난에 철저하게 대비하지 않으면 그 피해는 상상을 초월할 것이다. 코로나19는 우리에게 경종의 메시지뿐만 아니라 새로운 과제를 던져주고 있다.

초콘택트사회의 바탕이 되는 도시화 양상을 살펴보자. 세계 주요 선진국들의 도시화 진행과정은 다음과 같다. 영국, 프랑스, 독일은 19세기 초반부터, 미국은 19세기 중반부터 도시화가 장기간에 걸쳐 점진적으로 서서히 진행되었다. 이웃 일본도 1920년대부터 도시화가 시작되었는데 한국은 1960년대부터 급속도로 진행되었다. 도시화 비율이 높으면 밀집도와 접촉도가 높아지는데, 이로 인해 전염병에는 매우 취약해질 수밖에 없다〈그림 5〉.

〈그림 5〉 세계 주요 국가들의 도시화 진행추이 Urbanization of the World

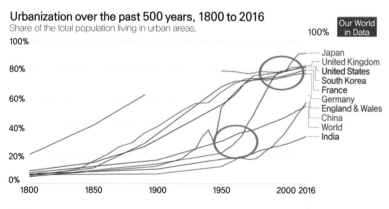

출처: World Urbanization Prospects 2018

2. 한국은 세계에서 코로나19에 가장 취약한 국가

도시국가라면
싱가포르와 홍콩을 연상하는데
한국은 도시국가라고 할 수 있을까?
이미 전국이 1일 생활권 시대로 접어들었는데…

　지금까지의 대한민국의 변화 및 성장과정을 살펴보면 대한민국
은 세계에서 도시화, 세계화, 지구화의 첨병 역할을 해 온 국가라고
할 수 있다. 앞서 살펴본 바와 같이 한국은 가장 빠르게 도시화를 이
루었다. 이로 인해 전통적인 1차 산업구조에서 2차, 3차 및 4차 산
업구조로 빠르게 변화할 수 있었다. 흔히들 도시국가라고 하면 도시
자체가 국가인 나라를 지칭하는데, 대표적인 나라가 싱가포르와 홍
콩이다. 그런데 싱가포르와 홍콩과 같은 도시국가를 제외하고 일반
국가들 중에서 도시화 비율이 90%를 상회하는 국가는 세계에서 대
한민국 이외는 찾기가 쉽지 않다. 한국은 도시국가와 마찬가지다.

지금 대한민국의 도시화 비율은 91.8%인데_{정부24, 국토교통부 2019.6.24.},
세계 평균치는 약 56.2% _{국가통계포털} 이다. 유럽에서 도시화 비율이
높은 국가들도 90%를 밑돌고 있는 수준이다. 어찌 보면 대한민국
은 전 국토가 도시화된 국가와 마찬가지라고 할 수 있다. 전 국토가
도시국가화가 된 데에는 KTX와 같은 교통수단의 발달과 더불어 도
로망이 잘 구축되었기 때문이다. 우리나라의 도로망과 도로 포장률
을 살펴보면 군도_{포장률 80.2%} 일부를 제외하고는 거의 대부분이 포장

〈표 3〉 우리나라의 도로현황 및 도로포장률 2019.12.31. 기준

구분		개통		
		소계	포장	미포장
총계	연장	103,192	96,456	6,736
	구성비	100	93.9	6.1
고속국도	연장	4,767	4,764	
	구성비	100	100	
일반국도	연장	13,902	13,865	37
	구성비	100	99.7	0.3
특별·광역시도(구도)	연장	4,945	4,945	
		16,441	16,385	57
	구성비	100	100	
		100	99.6	0.3
지방도	연장	16,792	15,451	1,341
	구성비	100	92.6	7.4
시도	연장	25,169	24,372	797
	구성비	100	97.4	2.6
군도	연장	21,176	16,671	4,505
	구성비	100	80.2	19.8

출처: 국토교통부　　　　　　　　　　　　　　　　　(단위: ㎞, 구성비: %)

된 상태이다. 이와 같이 여느 선진국 못지않게 잘 구축된 철도 및 도로망과 도로 포장률은 1일 생활권화를 더욱 촉진하는 기재로 작동하고 있다〈표 3〉.

그런 맥락에서 대한민국은 세계 최대의 교류, 만남, 소통이 중심이 되는 콘택트contact화 된 국가의 특징을 보여주고 있다. 이로 인해 눈에 보이지 않는 바이러스 전염병에 노출될 위험성이 가장 높다. 달리 표현하면 대한민국이 세계에서 '코로나19'에 가장 취약한 상태를 의미한다. 이는 이번 '코로나19'사태로 여실히 증명되고 있다.

이를테면 2020년 5월 5일 이태원 K-클럽00:30~06:00에 다녀간 코로나 확진자로 인하여 동일同日 동시다발적으로 전국에 전파되었으며, 심지어 제주도까지도 확산되기도 하였다https://news.joins.com/article/23772815. 이처럼 인구가 밀집된 지역과 장소가 많기 때문에 우리나라는 전염병에 가장 취약한 것이다.

3. 세계화와 코로나19

메르스사태 때는
우리나라만 시끄러운 듯했는데
우한발 코로나19가
왜 갑자기 팬데믹으로까지!
초기의 방역실패 때문에?
그 원흉은 지구화, 세계화, 국제화?
그런데 지구화, 세계화, 국제화는
같은 뜻 같기도 하고
다른 의미 같기도 한데 그 진실은?

○ 세계화

2020년은 코로나19로 시작했지만 그 끝을 맺지도 못하고 2021
년으로 이어지고 있다. 여태까지 경험하지 못한 상황을 새로이 경험
하면서 여러 생각을 하게 된다. 코로나19가 왜 이렇게 급속도로 퍼
져 전 지구촌이 팬데믹 공포에 휩싸이고 있을까? 이는 전 세계가 지

구촌으로 한마당이 되었기 때문이다. 마치 과거에 이웃마을 가듯이 비행기란 놈이 이 나라 저 나라를 제집 드나들 듯이 헤집고 다닌다. 지구촌이 한마당이 되었으니 서로 어울리고 부대끼며 소통하면서 지내기 마련이다.

바로 전 지구촌이 콘택트Contact 가족이 되었기 때문이다. 콘택트 가족화의 바탕에는 글로벌라이제이션Globalization이 자리하고 있다. 흔히들 글로벌라이제이션Globalization은 두 가지로 번역되고 있다. 바로 '세계화'와 '지구화'이다. 그런데 이 두 가지의 의미가 어떻게 다른지 아시는 분이 많지 않다.

국어사전에서는 세계화에 대한 의미를 '사회의 여러 분야에서 국가 간 교류가 증대하여 개인과 사회집단이 갈수록 하나의 세계 안에서 삶을 영위해 가는 과정'으로 기술하고 있다. 한편 지구화는 '세계적인 차원으로 되는 것 또는 그렇게 만드는 것'이라고 하고, 국제화는 '한 나라가 정치·경제·문화·환경적으로 다른 여러 나라와 교류하는 것'이라고 하고 있다.

그런데 여기서 세계화와 지구화가 어떻게 다르고 차이가 있는지가 불분명하다. 어쨌든 세계화의 가장 핵심은 교류이고, 교류의 바탕에는 도시라는 공간이 자리하고 있다. 도시의 성장은 도시화Urbanization와 직결되어 있다. 도시화의 핵심은 도시가 계속 팽창하면서 세계도시가 되는 것이고, 이는 세계화의 근간이 된다고 볼 수 있다.

지구상에서 대한민국의 발전상을 '한강의 기적'이라고 하는데, 이 '한강의 기적'은 '도시화의 기적'과 직결된다. 도시화의 핵심은 결국 사람의 이동인데, 이는 도시를 중심으로 한 개발, 고밀도, 고효율, 공간의 팽창과 직결되어 있다. 이는 전 세계가 초콘택트화되는 초석이 되고 있다. 즉 오늘날 도시화로 콘택트Contact 사회가 되었기 때문에 '코로나19'가 더욱 확산되고 있는 것이다. 이로 인해 지금 전 세계는 '코로나19'라는 전염병의 위기에 사면초가인 상태이다. 여기서 세계화와 지구화의 의미를 명확하게 구분하기 위해 세계화의 의미를 재정립하고자 한다.

세계화는 영어로 '이큐메노폴리제이션Ecumenopolization'이다. 이 단어는 아직 사전에는 없지만 이번 기회를 통해 새로 만든 워딩용어이다. 이 단어의 키워드는 '도시'라는 공간이다. 즉 도시가 도시화를 통해 계속 팽창하여 결국에는 거대도시 간 네트워크가 견고해지고 세계도시 Ecumenopolis 로 이어지는 양상을 보이는 것이다.

바로 **세계화**는 '세계도시 간 교류와 상호의존성이 높아져서 지구촌의 세계도시가 중추가 된 국가들이 하나의 공동체로 이어지는 현상'을 지칭한다. 저자가 미국 유학생활을 할 때 세계 각국에서 온 유학생들과 나눈 첫인사가 "이름이 뭐죠?What's your name?"이고, 그 다음 질문이 "출신지가 어디죠?Where are you from?"이다. 그런데 이 질문에 "한국Korea"이라고 답하면 어디에 있는지 궁금해 하는 사람이 많았는데, "서울"이라고 하면 대개는 아는 눈치였다. 아마 이는 서울이 세계도시로서의 위상을 어느 정도는 확보한 까닭일 테고, 세계화의 기저에는 도시가 중추임을 보여주는 한 단면이라 생각된다.

○ 지구화Globalization

지구화의 사전적 의미는 '세계적인 차원으로 되는 것' 또는 '멀리 떨어진 공동체를 연결하고 지역과 대륙을 넘어 인간사회 조직의 공간적 범위 변화나 변형을 포함한 역사적 과정'이다. 이는 지구화의 바탕이 되는 공동체는 도시라는 공간을 근간으로 하고, 도시가 지역과 국가 단위로 확대되어 지구화의 중심축은 바로 국가 간 연대이다. 결국 세계화가 되었든 지구화가 되었든 그 핵심은 교류, 만남, 소통의 확대 재생산이라고 볼 수 있다. 이것이 오늘날 전 지구촌이 하나의 콘택트 사회화되어 전 세계가 '코로나19'로 인한 팬데믹 현상이 나타나고 있다.

세계화와 달리 지구화의 핵심 키워드는 '국가'이다. 이는 동·서 간 이념의 장벽이 무너지면서 주목을 받기 시작하였다. 되돌아보면 이념전쟁이 한창일 때는 글로벌라이제이션Globalization이라는 용어를 쓰는 경우가 흔치 않았다. 하지만 동구권이 무너지고 철의 장막이 사라지면서 나라 간 국경의 의미가 희석되면서 글로벌라이제이션Globalization이라는 용어를 많이 사용하고 있다. 결국 지구화는 국가라는 의미가 핵심으로 자리하고 있다.

그런 의미에서 **지구화**는 '국가 간 경계의 중요성이 약화되고 바운더리 프리 Boundary-free 시대가 도래하면서 국가 간 교류가 증대되고 국가라는 공동체 상호의존성이 증가하여 지구촌이 하나의 공동체로 이어지는 현상'을 말한다.

○ **세계화**Ecumenopolization**와 지구화**Globalization**의 관계**

그렇다면 '세계화와 지구화는 어떤 관계에 있는지?'가 궁금해진다. 양자는 동전의 앞뒷면에 비유할 수 있다. 동전의 한 면앞면을 보면 그 나라를 상징하는 인물이나 문화자산 문화재 등이 등장한다. 다른 한 면뒷면에는 화폐의 단위를 표시하는 숫자가 있다. 앞면에 인물이나 문화재가 표기된 것은 국가의 정체성identity · 상징성 · 자존감을 강조할 뿐만 아니라 질적 요소와 관련되어 있다. 이는 지구화와 그 맥을 같이하고 있다.

한편 동전 뒷면의 숫자로 표기된 화폐단위는 양적 요소를 지향할 뿐만 아니라 경제적인 요소와 효율성을 추구하는 요소와 맥을 같이한다. 이는 바로 세계화에 해당한다고 볼 수 있다.★

★ 세계화와 지구화와 유사한 용어로 국제화가 있다. **국제화**는 '**국가 공동체 간의 교류**, 즉 국가 공동체 간의 정치·경제·사회·문화 등의 **상호교류**'가 핵심이다.

세계화와 지구화의 의미와 특성을 정리하면 〈표 4〉와 같다.

<표 4〉 세계화 및 지구화의 속성과 동전의 앞뒷면 비교

	앞 면	뒷 면
한 국		
미 국		
러시아		
중 국		
속 성	질적 요소 정체성 상징성 / 자존감	양적 요소 경제성 효율성
특 성	지구화 (Globalization)	세계화 (Ecumenopolization)

4. 도시국가와 전염병

　국가를 운영하기 위해서는 구역을 설정한다. 국민들에게 필요한 공공서비스를 효율적으로 제공하기 위하여 행정구역을 설정하고 행정구역별로 공공서비스를 제공하고 있다. 그런데 행정구역은 한 번 설정되면 잦은 변경이 용이하지 않다. 오래 지속되어온 지역적 특성을 간과하기 어려울 뿐만 아니라 법적기반을 변경하여야 하기 때문이다.

　공공서비스 공급권역을 위해 설정된 행정구역과는 달리 주민들의 생활터전을 근간으로 하는 것이 바로 생활권역이다. 생활권역은 주민들의 활동 영역에 의해 자연스럽게 형성된다. 행정구역이 경직적이고 비탄력적인 반면에 생활권역은 연성적이며 탄력적이다. 과학기술의 발달과 교통 및 통신 수단의 발달로 인하여 과거에 비하여 생활권역은 많이 변모하고 있다. 즉 생활권역은 점차 확대지향적으로 나아가고 있다.

　앞서 살펴본 바와 같이 국토공간에 도로망과 KTX 공급망이 구축되면서 〈그림 6〉과 같이 전국이 1일 생활권화되고 있다. 이제는 전국이 거의 2시간 이내의 통행권에 진입하였다고 볼 수 있다. 이는 코로나19사태를 계기로 확인되기도 하였다. 작년 5월 5일 어린이날을 전후로 연휴 때 이태원 K-클럽에 전국에서 몰려온 청춘남녀들이 당일 새벽에 전국으로 흩어지면서 코로나19가 전국적으로 확산되었고, 심지어 제주도까지 전파되는 모습이 확인되었다. 또한 필자는 주말마다 인사동에 있는 커피숍에 들러 독서를 자주 하곤 하는데 옆 테이블에 있는 손님들끼리의 대화내용을 엿듣다_{귀동냥} 보면 부산,

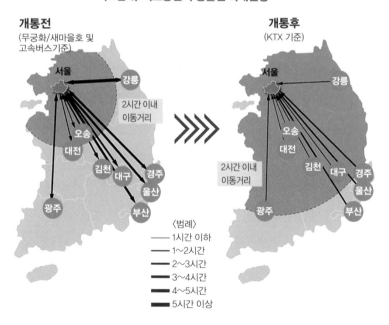

〈그림 6〉 국토공간의 생활권 확대현상

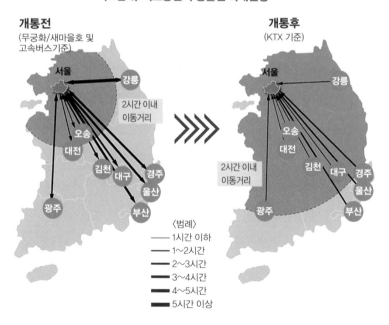

개통전
(무궁화/새마을호 및
고속버스기준)

개통후
(KTX 기준)

서울
강릉
2시간 이내
이동거리
오송
대전
김천 대구 경주
울산
광주 부산

서울
강릉
2시간 이내
이동거리
오송
대전
김천 대구 경주
울산
광주 부산

〈범례〉
—— 1시간 이하
—— 1~2시간
—— 2~3시간
—— 3~4시간
—— 4~5시간
▬▬ 5시간 이상

광주, 강릉 등 전국 각지에서 인사동으로 와서 KTX시간에 맞추어 카페를 나서는 모습을 자주 접한다. 이는 이미 대한민국 전국이 1일 생활권화되었다는 방증이기도 하다.

전국이 1일 생활권이 되었으므로 전염병이 날마다 전국적으로 확산될 수 있고, 코로나19가 전파되는 위험에 노출될 수밖에 없다. 매일매일 코로나19 확진자 및 검사자의 통계 수치를 확인하고 변화를 파악하는 까닭이기도 하다. 대한민국은 도시국가이기 때문에 전염병에 가장 취약할 수밖에 없으며 더욱 철저한 예방과 관리가 필요하다. 도시국가의 장점 이면에는 또 다른 단점이 도사리고 있음을 망각해서는 안 되며, 단점을 극복하기 위한 슬기로운 지혜가 요구된다.★

★ 이를테면 지금 정부는 부동산문제 때문에 골머리를 앓고 있다. 바로 아파트가격이 폭등하기 때문이다. 전국이 1일 생활권화됨에 따라 부동산정책의 복잡다단함이 서로 얽혀 있으며 고도의 고차방정식 해법을 요구하는 바탕이 되기도 한다. 도시국가라는 특성을 간과한 부동산정책은 성공하기도 어려울 뿐만 아니라 국민과 공감대를 형성하기도 어렵다.

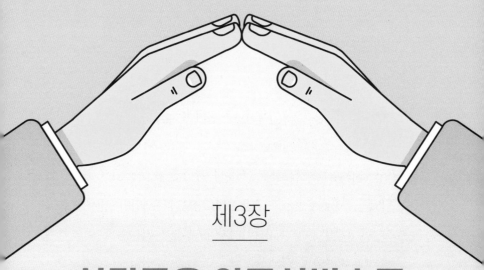

제3장

선진국은 의료서비스도
선진국일까?

1. 어떤 나라가 선진국일까?

그동안 대한민국은
선진국을 열심히 따라가는 데 여념이 없었다.
쫓아만 가다 보니
선진국의 본 모습을 살펴볼 기회가 없었다.
이번 코로나19를 계기로 나타난
선진국들의 참모습은?

이번 '코로나19'사태를 겪으면서 세계 각국의 코로나에 대한 대응양태, 특히 선진국들의 대응모습을 보면서 과연 선진국이란 무엇일지 생각해 보게 되었다. 선진국의 사전적 의미는 '고도의 산업 및 경제발전을 이룬 국가로 국민의 발달수준이나 삶의 질이 높은 국가'이다. 그럼 이번 코로나19 사태에 대응하는 선진국들의 모습은 과연 '삶의 질이 높은 국가'일까? 그런 의미에서 선진국에 대해 다시금 생각해 보고 선진국의 의미를 되짚어 보고자 한다.

선진국先進國의 한자적 의미는 '앞서 나아가는 국가'이다. 이는 지구촌 모든 국가들 중에서 앞서간다는 뜻이다. 이 의미에는 본질적으로 비교의 대상이 존재한다. 이런 맥락에서 저자는 **선진국**이란 '세계에서 개발도상국이나 일반 국가들보다는 정치·경제·사회·문화적으로 앞서가며 모범이 되는 국가'로 정의하고자 한다.

다른 나라들에 모범이 되는 선진국이 되기 위해서는 먼저 정치적으로 민주주의가 정착되고 민주적인 선거제도가 보장되며 포퓰리즘적 정치가 적정하게 제어될 수 있어야 한다. 경제적으로는 일정한 소득수준이 확보되고 공정한 시장경제활동이 보장되면서 빈부격차가 심각한 수준에 이르지는 아니하며 공공의 가치가 확보되어야 한다. 사회적으로 국민의 삶을 편안하기 위한 각종 제도가 잘 구축되고 치안과 위기관리 능력이 확보되어야 한다. 문화적으로는 각종 문화예술 공연활동 등을 즐길 수 있는 여유가 있을 뿐만 아니라 여행 등과 같은 여가활동이 가능하고 저녁이 있는 삶이 보장되어야 할 것이다.

보다 구체적인 예를 들자면, 각종 제도, 체제, 시스템 등이 세계 여느 국가들이 벤치마킹bench-marking하고 싶어 하는 모범이 되어야 하며, 상거래 등의 질서가 보장되고, 공공선 公共善 을 위한 제도가 잘 구축되고, 국민 건강권을 보장하고 안전을 위한 위기관리 능력이 뒷받침되어야 하며, 글로벌 스탠다드 Global Standard 의 기준이 될 뿐만 아니라 선도자 Frist Mover 로서 창의와 혁신을 선도하고 사회적 자본 社會的 資本 이 잘 형성되어 세계 여느 국가들보다 삶의 질이 높아야 할 것이다.

2. 선진국들은 코로나19에 어떻게 대응할까?

○ 유럽

우리가 알고 있는 영국은
"요람에서 무덤까지!"
그럼, 인접 유럽국가들도 영국과 엇비슷하겠지?

유럽의 경우 이번 '코로나19' 사태 초기에 늑장대응을 하면서 홍역을 치르고 있다. 그중에서도 영국, 이탈리아, 스페인, 프랑스 등의 피해가 컸다. 특히 근대민주주의의 발생지라고 하는 영국의 경우를 보면서 한숨을 내뱉을 수밖에 없었다. 보리스 존슨 총리까지 확진자가 되어 한동안 병상신세를 면치 못하였다. 영국의 경우 1948년에 공공의료제도를 도입했는데 현재 영국의 보건의료 관련 종사자가 2018년 기준으로 약 200만 명이고, 그중 NHS National Health Service 소속이 약 150만 명이라고 한다. 이 규모는 세계에서 단일조직으로는

5번째로 큰 규모이다. 즉 세계에서 첫 번째로 큰 조직은 미군을 포함하는 미국 국방부, 두 번째는 중국 인민해방군, 세 번째는 월마트, 네 번째는 맥도날드, 다섯 번째가 NHS이다 조선일보, 2020.4.15. .

그럼에도 불구하고 코로나19 발생 초기에 영국은 여느 유럽국가들보다 코로나19로 인해 매우 심각한 피해를 겪게 되었다. 그런데 NHS에 소속된 의료 인력은 준공무원에 해당하는 대우를 받는 공무원이라서 기민하게 대처하지 못한 것 같다.

코로나 발생 초기에 유럽 주요국가들의 치명률은 영국 12.8%, 프랑스 10.9%, 독일이 2.5%의 수치로 영국이 가장 높은 치명률을 보였다https://news.chosun.com/site/data/html_dir/2020/04/15/2020041500125.html. 최근 질병관리청의 2121년 1월 25일 보도자료에 의하면 '코로나19'에 의한 치명률이 많이 낮아지긴 하였다. 이탈리아가 3.47%, 벨기에 3.00%, 영국이 2.69%, 독일과 프랑스가 2.43%로 많이 낮아졌는데, 한국은 이보다 낮은 수준인 1.80%로 나타났다. 여전히 유럽 선진국들의 치명률이 우리보다는 한층 높게 나타나고 있다 〈표 5〉 참조 .

⟨표 5⟩ 주요 선진국들의 코로나19 발생 현황

구분	누적 발생		신규 발생		치명률(%)	인구 10만 명당 발생자 수*
	확진자	사망자	확진자	사망자		
미국	24,604,325	410,667	190,994	3,885	1.67	7,433.33
벨기에 §	691,854	20,726	2,583	51	3	5,964.26
스웨덴 †	547,166	11,005	–	–	2.01	5,417.49
영국	3,617,463	97,329	33,552	1,348	2.69	5,327.63
스페인 †	2,456,675	55,041	–	–	2.24	5,249.31
프랑스	2,985,259	72,484	23,522	229	2.43	4,571.61
이탈리아	2,455,185	85,162	13,331	488	3.47	4,058.16
폴란드	1,475,445	35,363	4,566	110	2.4	3,903.29
독일	2,134,936	51,870	12,257	349	2.43	2,547.66
캐나다	737,407	18,828	5,957	206	2.55	1,955.99
대한민국	75,521	1,360	437	11	1.8	145.7

출처: 질병관리청 보도자료(2021.1.25.)

* 국가별 총 인구수(명): 유엔인구기금(UNFPA) 2020년 기준, 대한민국은 2020년 11월 행정 안전부 주민등록인구현황 기준

† WHO 집계방식에 따라 실제 발생 현황과 차이가 있을 수 있음(전일 대비 누적/신규 발생 업데이트 없음).

§ WHO 집계방식에 따라 실제 발생 현황과 차이가 있을 수 있음(신규 발생은 전일 누적 발생 대비 신규 발생 수).

○ 미국

세계 최고의 경쟁력을 가진 국가,
민주주의의 수범국가였으니
의료서비스수준도
세계 최고가 당연한 게 아닌가?

미국의 경우는 또 다른 양상을 보이고 있다. 코로나19 발생 초기에는 수수방관으로 일관하면서 마스크 쓰기를 거부하는 등 트럼프 대통령은 야당이 퍼트리는 정치적 사기로까지 규정하기도 했다.http:// news.kmib.co.kr/article/view.asp? arcid=0014365519 &code=61131111&cp=nv. 그럼에도 불구하고 코로나19가 연이어 확산되자 2020년 4월 11일 와이오밍주를 끝으로 50개 주를 연방재난지역으로 선포하였다. '코로나19'로 인한 4월 실업률이 20%에 육박하였다 https:// biz.chosun.com/site/data/ html_dir/2020/04/13/2020041302195.html .

그리고 갑자기 '코로나19'로 인한 물건사재기 사태가 발생하고 워낙 급박해지니까 국제공항에서 마스크까지 해적질?을 하는 일까지 발생하였다. 즉 미국 중간상인들이 유럽발 비행기에서 마스크 가로채기를 하는 웃지 못할 일로 기존의 미국과는 사뭇 다른 모습을 보이기도 하였다. 미국 역사상 1929년 대공황을 겪으면서 당시 루스벨트 대통령이 집권하던 1932년 실업률은 25%로 최고점을 보였다. 추측컨대 '코로나19'사태로 인해 대공황 때의 실업률에 버금가는 상황에 직면하고 있다. 뉴욕시의 경우 540만 세입자 중 40%가 월세를 내지 못하는 매우 어려운 상황이라고 한다 https://news.mt.co.kr/mtview.php?no=20 20040114363046807 . 사망자가 급증하자 무연고 사망자를 처리하기 위해 하트 섬에 집단적으로 매장된 모습이 포착되기도 하였다 〈그림 7〉 참조 .

〈그림 7〉 사망자가 급증해 무연고 시신이 하트 섬에 집단매장된 모습

출처: https://www.wikitree.co.kr/articles/522550

재미있는 것은 이번 '코로나19' 사태의 1번 확진자가 공교롭게도 한국과 미국에서 같은 날짜2020년 1월 20일에 발생하였는데 그 후의 진행 양상은 전혀 다르다는 것이다. 미국은 우리나라 인구의 6배이지만 확진자는 122배로로 엄청난 차이를 보였다 https://news.chosun.com/site/data/html_dir/2020/05/11/2020051103530.html?utm_source=naver&utm_medium=original&utm_campaign=news . 게다가 세계 최고 경제력을 가진 미국에서 인구의 약 10% 정도가 의료보험의 사각지대에 방치되고 있는 것도 우리로서는 쉬이 이해하기 어렵다. 미국의 의료서비스 수준은 왜 이 지경일까?

○ '코로나19'로 드러난 선진국의 민낯

그동안 선진국이라고 자타공인했던 나라들이 '코로나19'사태에 대응하는 양상을 보면서 비로소 새로운 사실을 깨닫게 되었다. 코로나19로 인하여 선진국들의 의료관리 시스템뿐만 아니라 제반 여건들이 드러나기도 하였다.

미국의 1인당 국민소득은 6만 5천 달러, 한국의 1인당 국민소득은 3만 달러를 약간 상회하는 수준이다. 미국인들은 소득의 5분의 1 정도를 의료비로 지출한다. 여기에다 국민 부담률조세 부담률과 사회보장기여금을 포함한 개념은 한국은 25.4%인 데 비하여, G7 국가는 35.7%, OECD 국가들 평균은 34.2%로 우리보다 약 10% 정도 높은데, 이는 그만큼 가처분 소득분이 줄어든다는 것을 의미한다국회예산정책처,

_{2019 조세수첩.} 즉 명목소득에 비해 실질소득이 크게 줄어들 수밖에 없다.

또한 G7 선진국_{독일, 영국, 프랑스, 이탈리아} 등은 늑장 대응과 코로나19 확진자들에 대한 수용 능력의 한계, 체계적 관리시스템의 미비로 인한 혼란으로 우왕좌왕하는 모습이 그대로 노출되었다. 게다가 '요람에서 무덤까지'라고 하는 영국의 슬로건이 무색해지는 과정을 지켜보면서 선진국들의 민낯을 들여다보게 되었다. 왜 선진국들의 의료서비스 수준이 우리의 기대와는 다른 모습으로 나타나고 있을까?

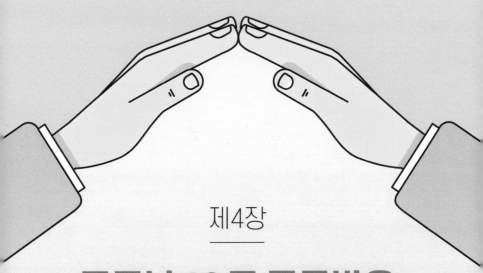

제4장

코로나19로 주목받은
한국의료

1. 세계가 부러워하는
한국의 전 국민 건강보험제도

코로나19로 본의 아니게
대한민국이 세계무대에 소환되었다.
K-방역의 모습으로!
그러면 K-방역의 바탕에는
그 무엇이 있는 것인가?

대한민국은 그동안 선진국이 되기 위해 열심히 달려왔고 지금도 달려가고 있다. 이번에 한국이 '코로나19'사태를 극복하는 과정을 선진국들은 경외심을 가지고 지켜보고 있다. 그들이 하지 못하는 것들을 대한민국이 훌륭히 해내고 있기 때문이다. 우리는 코로나19 진단키트를 조기생산하고 창의성을 발휘해 드라이브 스루 진단시스템을 선보였는데, 세계의 표준으로 자리 잡았다. 코리안 스탠다드 Korean Standard가 세계의 글로벌 스탠다드Global Standard로 자리매김하는 것을 확인할 수 있었다.

대한민국의 국민건강보험제도는 선진국들이 부러워하는 제도이다. 우리나라에 공적보험인 건강보험제도가 마련된 것은 1977년이다. 처음에는 500명 이상의 대기업부터 시작해 국민의 약 8% 정도가 건강보험제도의 적용 대상이었다. 이어서 점차 확대하였는데 300인 이상 사업장1979년, 100인 이상 사업장1981년, 16인 이상 사업장1983년 순으로 2년마다 대상자를 확대하여 나갔다. 1980년대 중반부터는 웬만한 회사의 직장인들은 건강보험에 가입하였다, 1988년에는 정규직 직장에 소속되지 않은 농어촌지역 주민들도 건강보험에 가입하게 되었고, 이듬해 7월에는 마지막으로 남은 그룹인 대도시지역의 주민이 가입하게 되면서 12년 만에 전 국민이 가입하는 의료보험 시대를 맞이하게 되었다(정형선, 85~86. 이는 전 세계에서 유래를 찾아볼 수 없는 사례인데, 최단기간에 전 국민건강보험제도 시대를 열었다. 현재 대한민국은 국민의 97%가 전 국민건강보험 혜택을 받고 있으며, 국민건강보험 혜택을 받지 못하고 있는 3%의 저소득층에 대해서는 의료보호제도의료급여제도를 통하여 보호하고 있다.

〈그림 8〉은 전 국민건강보험 보장 소요기간을 보여준다. 세계에서 최단시간에 전 국민이 건강보험에 가입한 나라가 대한민국이다. 전 국민의료보험 가입에 소요된 기간이 독일이 무려 127년, 벨기에가 118년, 이스라엘이 84년, 오스트리아가 79년, 룩셈부르크가 72년에 걸쳐 서서히 이루어진 반면에 대한민국은 불과 12년이었다.

일본도 우리의 3배에 해당하는 36년이 소요되었다. 우리는 거의 기적에 가까운 일을 이루어냈다고 할 수 있다.

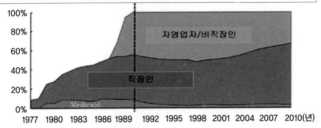

〈그림 8〉 전 국민 의료보험보장 소요기간

- 전 국민건강보험은 1977년 건강보험이 시작된 이래 12년만인 1989년 달성되어 전 국민의 97%를 커버
- 나머지 3%의 가난한 국민은 의료보호제도(의료급여제도)가 보호

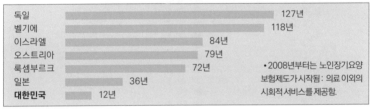

출처: 국민건강보험공단·건강보험심사평가원, 통계로 본 건강보험 30년(2007) 자료를 토대로 재작성함.

그동안 주요 선진국들의 성장을 한마디로 압축하면 장기간에 걸쳐 서서히 '산술급수적'으로 성장하고 발전해 온 반면에, 대한민국의 발전은 '기하급수적'으로 이루어졌다. 이는 도시화율 지표〈그림 5〉 참조, 전 국민의료보험 가입률 지표, 후술하는 국민평균수명 지표〈그림 9〉 참조 등이 방증하고 있다.

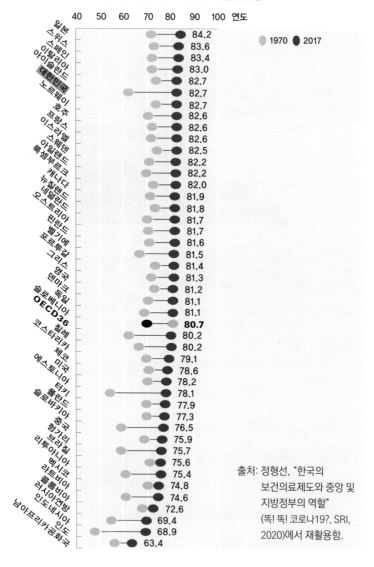

〈그림 9〉 OECD 국가들의 평균수명

국가	2017 수명
일본	84.2
스위스	83.6
스페인	83.4
이탈리아	83.0
아이슬란드	82.7
대한민국	82.7
노르웨이	82.7
호주	82.6
프랑스	82.6
이스라엘	82.6
스웨덴	82.5
아일랜드	82.2
룩셈부르크	82.2
캐나다	82.0
뉴질랜드	81.9
네덜란드	81.8
오스트리아	81.7
핀란드	81.7
벨기에	81.6
포르투갈	81.5
그리스	81.4
영국	81.3
덴마크	81.2
독일	81.1
슬로베니아	81.1
OECD36	80.7
칠레	80.2
코스타리카	80.2
체코	79.1
미국	78.6
에스토니아	78.2
터키	78.1
폴란드	77.9
슬로바키아	77.3
중국	76.5
헝가리	75.9
브라질	75.7
리투아니아	75.6
멕시코	75.4
라트비아	74.8
콜롬비아	74.6
러시아연방	72.6
인도네시아	69.4
인도	68.9
남아프리카공화국	63.4

● 1970　● 2017

출처: 정형선, "한국의 보건의료제도와 중앙 및 지방정부의 역할" (똑! 똑! 코로나19?, SRI, 2020)에서 재활용함.

2. OECD 국가들과 차별화되는 한국의료★

한국이 세계 최고라고!
무엇이?
국민 1인당 의사진찰 횟수,
입원환자 평균 재원일수 등이!
정말로?

○ 한국의 보건의료서비스

국민의 건강수준은 보건의료제도와 밀접한 관련이 있다. 대한민국 국민의 평균수명은 이미 최상위 그룹에 속해 있다. OECD 자료에 의하면 〈그림 9〉에서 알 수 있듯이 2017년 82.7세로 1970년에

★ 여기서 소개하는 OECD 자료는 정형선 교수의 "한국보건의료제도의 특성과 중앙 및 지방정부의 역할"(똑! 똑! 코로나19?, 수원시정연구원(SRI), 2020, 57~96)을 중심으로 재구성한 것임.

비해 가장 급속도로 수명이 늘어났다. 한국이 장수국가로 자리매김하는 데에는 무엇보다도 건강의료보험제도가 크게 기여하였다. 하지만 정형선 교수는 '건강보험제도 효과도 부인할 수는 없겠지만 소득이 높아져 국민영양상태가 좋아지고 무엇보다도 위생환경이 좋아진 것이 국민평균수명을 상승하는 데 큰 역할을 한 것'으로 간주하고 있다_{정형선, 2020: 66.} 여하튼 한국의 건강보험제도는 선진국들도 부러워하는 제도이다. 저렴한 비용으로 양질의 의료서비스를 받을 수 있다 보니 외국인들은 '돈이 없어도 한국에 가면 산다'고 생각해 한국을 의료천국으로 인식한다.

〈그림 10〉은 국민 1인이 1년에 몇 번 의사의 진찰을 받는지를 보여준다. OECD 국가의 평균은 1인당 연간 6.8회 의사를 방문하니, 평균적으로 두 달에 한 번 정도 병원에 가는 편이다. 하지만 한국은 연간 16.6회로 1달에 한두 번 의사를 만나 진찰을 받는다. OECD 평균 6,8회와 비교할 때 우리나라의 의사진찰수는 압도적으로 높은 편이다. 2위 일본의 12.6회, 3위 헝가리의 10.9회보다도 매우 높다. 이는 대한민국 국민들의 건강에 대한 의식 수준이 매우 높으며, 이는 국민 평균수명이 증가하는 것과도 연관된다. 의사서비스에 대한 접근성이 높은 것은 장점이지만 그 이면에는 3분 진료와 같은 폐해도 나타나고 있다.

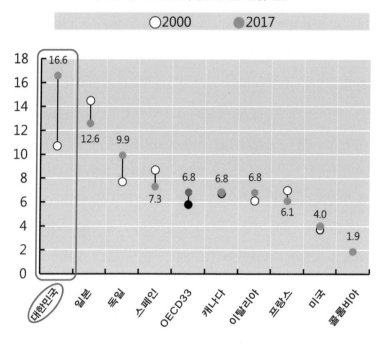

〈그림 10〉 의사진찰수/방문수 국민 1인당, 1년간

○2000　●2017

출처: 정형선, "한국의 보건의료제도와 중앙 및 지방정부의 역할"(시민자치대학 온라인강의, SRI, 2020.5.)에서 재활용함.

우리나라의 인구 대비 임상의사수는 OECD 평균의 3분의 2 수준인데, 임상의사의 연간 1인당 진찰수는 OECD 국가들보다 압도적으로 높은 1위이다. 〈그림 11〉에서 알 수 있듯이, OECD 평균은 임상의사 1명이 2017년 1년간 진찰한 환자수가 2,181명이었는데 우리나라는 3.25배나 많은 7,080명이다. 2020년을 기준으로 의사 1인당 연간 환자진료수는 OECD 평균이 약 2,600명이고 한국은 평균 약 7,500명 수준이다. 이는 2017년보다 약간 개선되기는 하였지만 여전히 OECD 평균에 비해 약 2.9배나 많은 환자를 진료하여 한국 의사들이 '3분 진료'에 허덕이고 있는 실정이다정형선, 한국의 보건의료제도와 중앙 및 지방정부의 역할, 시민자치대학 온라인강의, 2020.5.. 이처럼 한국 의사들의 진료횟수는 세 배 이상으로 높지만 실제로 개별 진찰하는 시간은 충분하지 않다. 상거래로 비유하자면 '박리다매'현상이라고 할까? 결국 의사들의 진찰일수나 1일 진료횟수가 굉장히 많지만 상대적으로 개별 환자에게 할애되는 진찰 시간은 그만큼 줄어들 수밖에 없다. 양적으로는 만족스러울지도 모르지만 질적으로 좋은 의료서비스를 기대하기 어렵다.

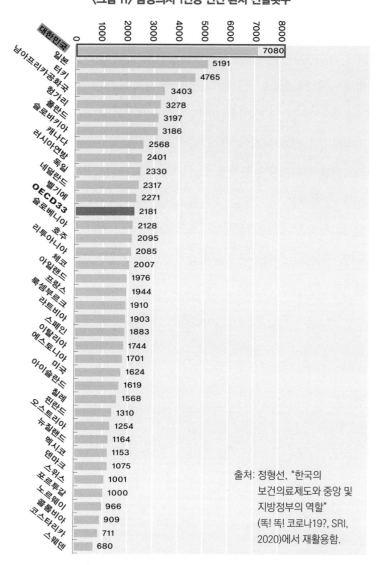

〈그림 11〉 임상의사 1인당 연간 환자 진찰횟수

대한민국	7080
일본	5191
남아프리카공화국	4765
터키	3403
헝가리	3278
폴란드	3197
슬로바키아	3186
캐나다	2568
러시아연방	2401
독일	2330
네덜란드	2317
벨기에	2271
OECD33	2181
슬로베니아	2128
호주	2095
리투아니아	2085
체코	2007
아일랜드	1976
프랑스	1944
룩셈부르크	1910
라트비아	1903
스페인	1883
이탈리아	1744
에스토니아	1701
미국	1624
아이슬란드	1619
칠레	1568
핀란드	1310
오스트리아	1254
뉴질랜드	1164
멕시코	1153
덴마크	1075
스위스	1001
포르투갈	1000
노르웨이	966
콜롬비아	909
코스타리카	711
스웨덴	680

출처: 정형선, "한국의
보건의료제도와 중앙 및
지방정부의 역할"
(똑! 똑! 코로나19?, SRI,
2020)에서 재활용함.

인구 천 명당 연간 입원 건수는 〈그림 12〉와 같이 OECD 평균이 154건인데 비해 한국은 170건으로 OECD 평균을 상회하고 있다. 또 〈그림13〉과 같이 평균재원일수는 OECD 평균이 7.7일인 반면에 한국은 18.5일로 가장 길다. 이러한 지표는 대한민국 국민이 의료시설을 적극적으로 이용한다는 것을 의미한다. 특히 건당 병원의 재원일수가 세계 최고이다. 이는 비교적 저렴한 의료수가로 양질의 의료기관 서비스를 능동적으로 이용하기 때문이며, 국민건강보험제도가 큰 기여를 하고 있는 것으로 생각된다. 이는 대한민국 국민이 세계에서 의료기관을 가장 적극적으로 활용하고 있다는 방증이기도 하며, 한국 국민의 평균수명이 증가한 것과도 밀접한 관계가 있는 것이다.

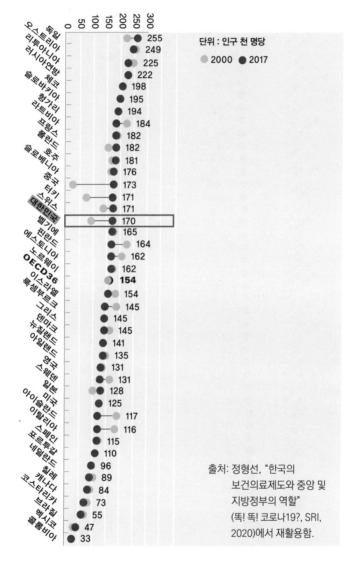

〈그림 12〉 입원율 인구 천 명당 연간 입원건수

단위 : 인구 천 명당
● 2000 ● 2017

독일 255
오스트리아 249
리투아니아 225
러시아연방 222
체코 198
슬로바키아 195
헝가리 194
라트비아 184
프랑스 182
폴란드 182
슬로베니아 181
호주 176
중국 173
터키 171
스위스 171
대한민국 170
벨기에 165
핀란드 164
에스토니아 162
노르웨이 162
OECD36 154
이스라엘 154
룩셈부르크 145
그리스 145
덴마크 145
뉴질랜드 141
아일랜드 135
영국 131
스웨덴 131
일본 128
미국 125
아이슬란드 117
이탈리아 116
스페인 115
포르투갈 110
네덜란드 96
칠레 89
캐나다 84
코스타리카 73
브라질 55
멕시코 47
콜롬비아 33

출처: 정형선, "한국의 보건의료제도와 중앙 및 지방정부의 역할" (똑! 똑! 코로나19?, SRI, 2020)에서 재활용함.

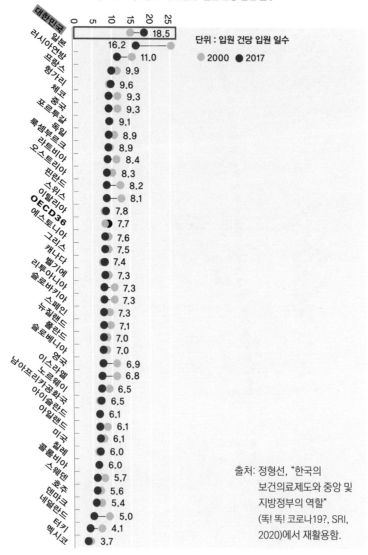

〈그림 13〉 평균재원일수 입원 건당 입원 일수

단위 : 입원 건당 입원 일수
● 2000 ● 2017

대한민국	
일본	18.5
러시아연방	16.2
프랑스	11.0
헝가리	9.9
체코	9.6
중국	9.3
포르투갈	9.3
독일	9.1
룩셈부르크	8.9
라트비아	8.9
오스트리아	8.4
핀란드	8.3
스위스	8.2
이탈리아	8.1
OECD36	7.8
에스토니아	7.7
그리스	7.6
캐나다	7.5
벨기에	7.4
리투아니아	7.3
슬로바키아	7.3
스페인	7.3
뉴질랜드	7.3
폴란드	7.1
슬로베니아	7.0
영국	7.0
이스라엘	6.9
노르웨이	6.8
남아프리카공화국	6.5
아이슬란드	6.5
아일랜드	6.1
미국	6.1
칠레	6.1
콜롬비아	6.0
스웨덴	6.0
호주	5.7
덴마크	5.6
네덜란드	5.4
터키	5.0
멕시코	4.1
	3.7

출처: 정형선, "한국의
보건의료제도와 중앙 및
지방정부의 역할"
(똑! 똑! 코로나19?, SRI,
2020)에서 재활용함.

결과적으로 한국 보건의료제도는 입원과 외래 서비스에 있어서는 세계 최고의 서비스수준을 보여주고 있다. 하지만 반드시 세계 최고의 질적 의료서비스를 제공한다고는 볼 수 없다고 한다정형선. 71~76. 달리 표현하면 한국의 보건의료서비스는 양적으로는 세계 최고 수준이지만 질적으로는 취약하다. 이는 후술하는 신재규 캘리포니아 주립대 교수의 '한국의료의 민낯'과 맥을 같이한다.

〈그림 14〉는 GDP 대비 전체 경상의료비 비율이다. 2018년 우리나라의 경상의료비는 143조 원으로 GDP의 7.6%에 해당하는데 OECD 평균이 8.8%이니 이보다 약간 낮음을 알 수 있다. 한국 국민은 세계 최고의 의료시설을 이용하고 의료서비스를 받고 있지만 그 비용은 오히려 OECD 평균 이하이니 가히 가성비가 매우 높은 의료서비스를 받고 있는 선진국이라 불릴 만하다. 반면에 의료비 부담은 미국이 17%로 매우 높고, 일본도 11%로 높은 편이다. 특히 미국은 높은 의료비를 지출하면서도, 전 국민의 10% 이상이 의료 사각지대에 방치되어 있다. 또한 건강수준의 지표도 좋지 않아 미국의 지식인들이 "의료제도는 없다Medical Non-System"고 한탄할 정도라고 한다 정형선. "한국보건의료제도와 중앙 및 지방정부의 역할". 똑! 똑! 코로나19?, 2020: 82 .

'국민 1인당 의료비'도 한국은 선진국에 비해 비교적 낮다〈그림 15〉 참조. 국가 간의 물가 차이를 고려하는 구매력지수 Purchasing Power Parities: PPP 로 환산해서 비교하면, 2017년 OECD 평균 1인당 연간

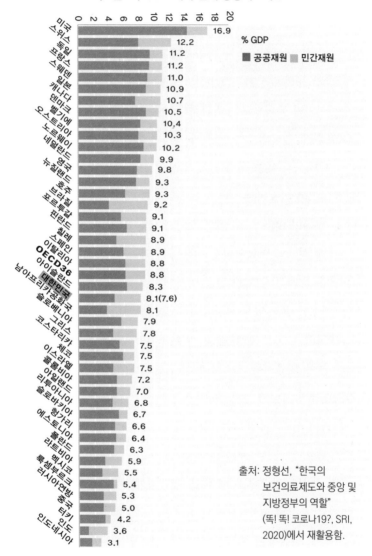

〈그림 14〉 GDP 대비 전체 경상의료비%

% GDP
■ 공공재원 ■ 민간재원

미국 16.9
스위스 12.2
독일 11.2
프랑스 11.2
스웨덴 11.0
캐나다 10.9
일본 10.7
덴마크 10.5
벨기에 10.4
오스트리아 10.3
노르웨이 10.2
네덜란드 9.9
영국 9.8
뉴질랜드 9.3
호주 9.3
브라질 9.2
포르투갈 9.1
핀란드 9.1
칠레 8.9
스페인 8.9
이탈리아 8.8
OECD36 8.8
아이슬란드 8.3
남아프리카공화국 **대한민국** 8.1(7.6)
슬로베니아 8.1
그리스 7.9
코스타리카 7.8
체코 7.5
이스라엘 7.5
콜롬비아 7.5
아일랜드 7.2
리투아니아 7.0
슬로바키아 6.8
헝가리 6.7
에스토니아 6.6
폴란드 6.4
라트비아 6.3
멕시코 5.9
룩셈부르크 5.5
러시아연방 5.4
중국 5.3
터키 5.0
인도 4.2
인도네시아 3.6
3.1

출처: 정형선, "한국의
      보건의료제도와 중앙 및
      지방정부의 역할"
      (똑! 똑! 코로나19?, SRI,
      2020)에서 재활용함.

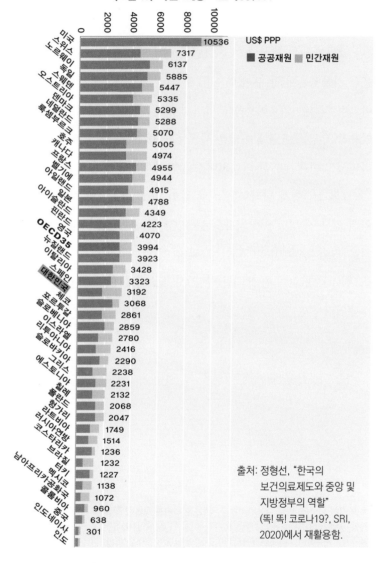

〈그림 15〉 국민 1인당 의료비 US$ PPP

미국	10536
스위스	7317
노르웨이	6137
독일	5885
스웨덴	5447
오스트리아	5335
덴마크	5299
네덜란드	5288
룩셈부르크	5070
호주	5005
캐나다	4974
프랑스	4955
벨기에	4944
아일랜드	4915
일본	4788
아이슬란드	4349
핀란드	4223
영국	4070
OECD35	3994
뉴질랜드	3923
이탈리아	3428
스페인	3323
대한민국	3192
체코	3068
포르투갈	2861
슬로베니아	2859
이스라엘	2780
리투아니아	2416
슬로바키아	2290
그리스	2238
에스토니아	2231
칠레	2132
폴란드	2068
헝가리	2047
라트비아	1749
러시아연방	1514
코스타리카	1236
브라질	1232
터키	1227
남아프리카공화국	1138
멕시코	1072
콜롬비아	960
인도네시아	638
중국	301
인도	

US$ PPP

■ 공공재원 ■ 민간재원

출처: 정형선, "한국의
보건의료제도와 중앙 및
지방정부의 역할"
(똑! 똑! 코로나19?, SRI,
2020)에서 재활용함.

3,994달러를 의료비로 지출했는데 한국은 3,192달러를 지출하였다. 미국은 1만 달러가 넘는다. 4인 가족을 기준으로 할 경우, 평균 4만 달러가 넘는 것이니 미국 국민이 의료비 지출에 얼마나 많은 비용을 지불하는지 알 수 있다 정형선, 똑! 똑! 코로나19?, SRI, 2020: 82 . 즉 한국은 비교적 저렴한 의료비용을 부담하면서도 적극적으로 의료서비스를 이용하고 있는 반면에 미국은 세계에서 가장 높은 의료비용을 부담하면서도 이에 부응한 의료서비스를 받지 못하고 있다.

〈그림 16〉에서 나타나는 바와 같이 2017년을 기준으로 우리나라의 인구 천 명당 임상의사수는 OECD 평균 3.5에 비해 2.3*으로 적은 편이다. 그러나 〈그림 17〉과 같이 인구 천 명당 입원병상수, 〈그림 18〉과 같이 인구 백만 명당 CT/MRI수, 1인당 진찰수는 최고 수준이다.

★ 여기서 인구 천 명당 임상의사수 2.3명은 한의사를 포함한 것을 의미한다. 한의사를 제외할 경우 임상의사수는 1.8명인데, 이는 의사 1인당 국민 약 500명 정도를 담당한다고 볼 수 있다(정형선, "한국보건의료제도와 중앙 및 지방정부의 역할" 2020: 68 참조).

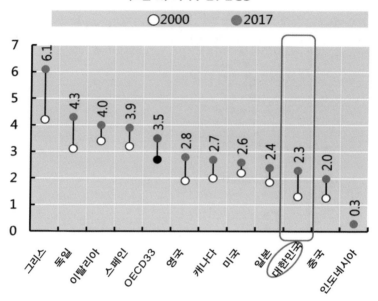

〈그림 16〉의사수 인구 천 명당

○2000　●2017

출처: 정형선, "한국의 보건의료제도와 중앙 및 지방정부의 역할"(시민자치대학 온라인강의,
SRI, 2020.5.)에서 재활용함.

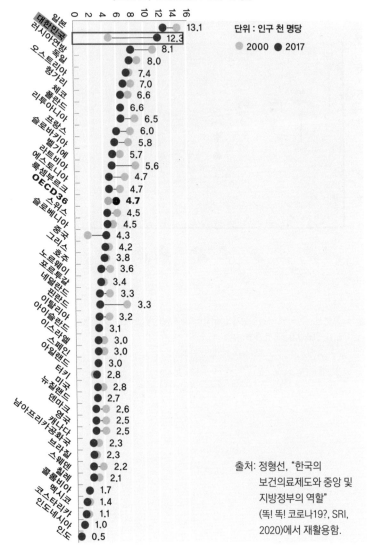

〈그림 17〉 입원병상수 인구 천 명당

단위 : 인구 천 명당
● 2000 ● 2017

일본	13.1
대한민국	12.3
러시아연방	8.1
독일	8.0
오스트리아	7.4
헝가리	7.0
체코	6.6
리투아니아	6.6
홀란드	6.5
프랑스	6.0
슬로바키아	5.8
벨기에	5.7
라트비아	5.6
에스토니아	4.7
룩셈부르크	4.7
OECD36	4.7
스위스	4.5
슬로베니아	4.5
중국	4.3
그리스	4.2
호주	3.8
노르웨이	3.6
포르투갈	3.4
네덜란드	3.3
핀란드	3.3
이탈리아	3.2
아이슬란드	3.1
이스라엘	3.0
스페인	3.0
아일랜드	3.0
터키	2.8
미국	2.8
뉴질랜드	2.7
덴마크	2.6
영국	2.5
캐나다	2.5
남아프리카공화국	2.3
브라질	2.3
스웨덴	2.2
칠레	2.1
콜롬비아	1.7
멕시코	1.4
코스타리카	1.1
인도네시아	1.0
인도	0.5

출처: 정형선, "한국의
보건의료제도와 중앙 및
지방정부의 역할"
(똑! 똑! 코로나19?, SRI,
2020)에서 재활용함.

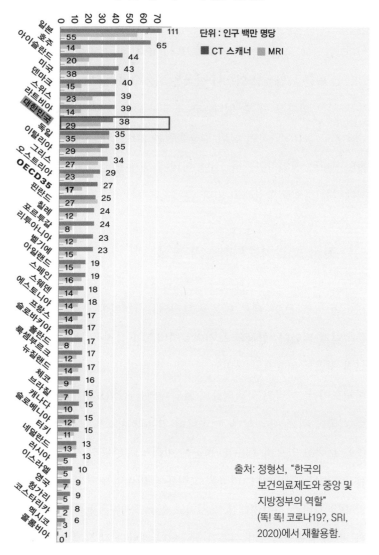

〈그림 18〉 CT/MRI수 인구 백만 명당

단위 : 인구 백만 명당

■ CT 스캐너　■ MRI

국가	CT 스캐너	MRI
일본	111	55
호주	65	14
아이슬란드	44	20
미국	43	38
덴마크	40	15
스위스	39	23
라트비아	39	14
대한민국	38	29
독일	35	35
이탈리아	35	29
그리스	34	27
오스트리아	29	23
OECD35	27	17
핀란드	25	27
칠레	24	12
포르투갈	24	8
리투아니아	23	12
벨기에	23	15
아일랜드	19	15
스페인	19	16
스웨덴	18	14
에스토니아	18	14
프랑스	17	14
슬로바키아	17	10
룩셈부르크	17	8
뉴질랜드	17	12
체코	17	14
브라질	16	9
캐나다	15	7
슬로베니아	15	10
터키	15	12
네덜란드	15	11
러시아	13	13
이스라엘	13	5
영국	10	7
헝가리	9	7
코스타리카	9	5
멕시코	8	5
콜롬비아	6	3
	1	0

출처: 정형선, "한국의 보건의료제도와 중앙 및 지방정부의 역할" (똑! 똑! 코로나19?, SRI, 2020)에서 재활용함.

〈그림 18〉과 같이 인구 100만 명당 CT 및 MRI 장비수는 한국은 각각 38과 29로 OECD 평균치 27과 17에 비하여 매우 높은 수준이다. 반면에 국민 1인당 의료비 및 GDP 대비 전체 경상의료비는 OECD 평균을 밑돌고 있으니 한국은 비용에 비해 과다한 의료혜택을 누리고 있다고 볼 수 있다정형선, "한국보건의료제도와 중앙 및 지방정부의 역할" 2020: 64~87. 이로 인하여 국민 평균수명은 2017년에 이미 82.7세로 톱5 이내로 진입하였으며 10년 이내에 세계에서 최장수국가로 자리매김할 것으로 예상하고 있다.

○ 한국 보건의료서비스의 특징

이번 코로나19사태로 한국의 보건의료시스템이 글로벌무대에서 주목받게 되었다. 한국의 보건의료서비스의 특징은 무엇보다도 비교적 저렴한 비용으로 국민의 건강을 책임지고 있는 전 국민건강보험제도이다. 한국의 국민의료비 부담내역을 살펴보면 〈그림 19〉처럼 미국에 비해 매우 낮다. 이웃나라 일본과 비교해도 엄청 낮은 수준을 보이고 있으며, OECD 평균에 비해서도 상당히 저렴한 의료비를 부담하는 정도이다. 미국은 고비용의 의료비를 부담하고는 있지만 의료서비스 사각지대에 방치되고 있는 국민이 많은 것이 현실이다. 반면에 공공의료가 주축인 영국이나 캐나다 같은 경우는 필요한

〈그림 19〉 전체 의료비 비중의 변화

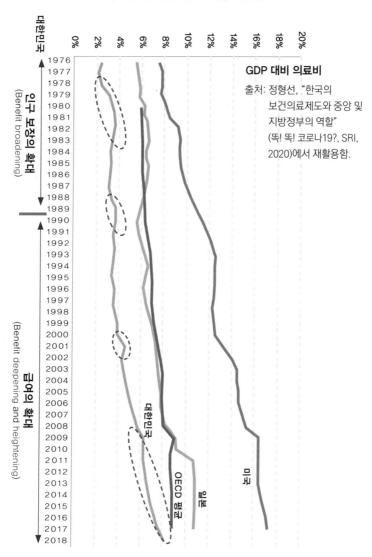

GDP 대비 의료비

출처: 정형선, "한국의 보건의료제도와 중앙 및 지방정부의 역할" (똑! 똑! 코로나19?, SRI, 2020)에서 재활용함.

의료서비스를 제때에 제대로 받지 못해 국민들이 고충을 겪고 있다.

앞에서 살펴본 대로 한국은 OECD 국가들에 비해서 비교적 저렴한 의료비용을 부담하고 있다. 비록 '3분 진료'라는 치명적인 약점이 있기는 하지만 한국은 세계 최고 수준의 의료혜택을 누리고 있다. 인구 1천 명당 의사진찰횟수, 임상의 1인당 연간 의사진찰횟수, 병원입원환자의 건당 입원일수는 세계에서 최상이고, 인구 1천 명당 입원병상수와 인구 백만 명당 CT와 MRI 수는 최고 수준을 보이고 있다. 이러한 결과가 나타난 것은 우수한 의료인력을 갖추고 있으며, 국민들이 비교적 의료비를 적게 부담하여 적극적으로 의료서비스를 이용하고 있기 때문이다. 흔히 외국인들이 대한민국을 의료천국이라고도 칭하는 이유도 바로 이 때문이다.

반면에 단점도 나타나고 있다. 앞에서 살펴본 대로 대한민국 국민은 양적으로는 세계 최고 수준의 의료서비스를 받고 있지만 질적으로는 만족하지 못하고 있다. 인구 1천 명당 의사수는 OECD 평균은 3.5인데, 한국은 2.3에 불과하다. 이로 인해 '3분 진료'가 나타날 수밖에 없는 구조적 한계를 지니고 있다. 즉 '3분 진료' 때문에 의사들이 환자를 진료하면서 충실하게 상담해 주는 것이 어렵다. 양질의 의료서비스를 기대하기 어려운 것이다. 이제는 의료서비스의 질을 어떻게 높일 것인가가 관건이다.

의료서비스의 질과 관련하여 신재규 교수는* '3분 진료'의 원인으로 낮은 의료보험 수가를 지목한다. 병원들은 의료보험 수가가 낮아서 들어오는 수익이 적다 보니 적정한 진료환자수보다 훨씬 많은 환자를 볼 수밖에 없다. 의료비가 싸다 보니 다른 나라와 달리 굳이 병원에 가지 않아도 되는 경증환자도 병원에 가는 것을 당연시하는 풍토이다. 이로 인해 진료의 질이 떨어질 수밖에 없으며, 양적 진료에만 매몰되는 구조적 특성을 보이고 있다.

★ 캘리포니아 주립대 신재규 교수는 '3분 진료'로 치부되고 있는 한국의료의 현실을 『한국인의 종합병원』(생각의 힘, 2021)에서 질타하고 있다. 이 책은 췌장암 진단을 받은 어머니를 병원에서 마주하면서 경험한 실상을 중심으로 기술하고 있다. 그렇다고 미국 병원의 모습도 정답이 아니라고 하니 한국의 건강보험제도를 더욱 승화시킬 수 있는 지혜가 필요하다.

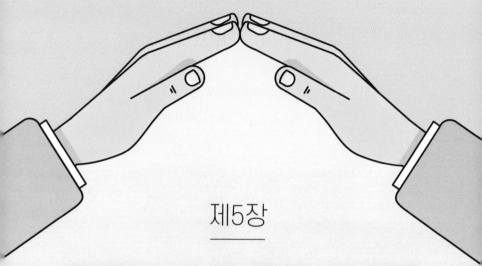

제5장

코로나19를 통해 드러난
K-방역의 실체

1. 한국은 어떻게 코로나19에 대응하고 있을까?

왜 갑자기 K-방역인가?

진단키드, 드라이브 스루 검진 시스템, 확진자 동선 추적 앱 때문에?

지금도 여전히 K-방역?

글쎄?

우리나라에서 최초로 코로나19 확진자가 발생한 것은 중국 우한에서 출발하여 인천을 경유해 일본으로 갈 예정인 중국인 여성 여행객이 2020년 1월 19일 인천공항 검역 과정에서 발열이 체크되어 ○○의료원으로 긴급 후송되어 격리 조치되면서부터이다. 이 여행객으로부터 채취한 시료를 검사한 결과, 1월 20일 코로나19의 1호 확진자로 판명되었다. 이후 1달 뒤인 2020년 2월 18일 대구 신천지교회에서 31번 확진자가 발생하면서 급속도로 대구와 경북지역으로 확산되기 시작하였으며, 연이어 전국으로 전파되었다.

코로나19가 발병한 이후 한국은 선진국에 비해 비교적 발 빠르게 대응하여 선진국들의 늑장대응과는 대비되는 모습을 보였다. 특히 대구에서 발생한 신천지교회 집단발병 이후에는 기민하고 적극적인 발병자 동선관리를 통해 코로나의 확산세를 잠재우는 데 기여했다. 발병자의 정보공개여부와 관련하여 한국은 코로나19 통제를 위한 정보를 활용하는 데 초점을 둔 반면에 프라이버시 보호를 중시한 선진국들은 한동안 정보공개에 대해서는 적극적이지 않았다. 〈그림 20〉은 코로나19 진단을 위한 한국의 드라이브 스루 검진 시스템이다.

〈그림 20〉 드라이브 스루 검진 시스템

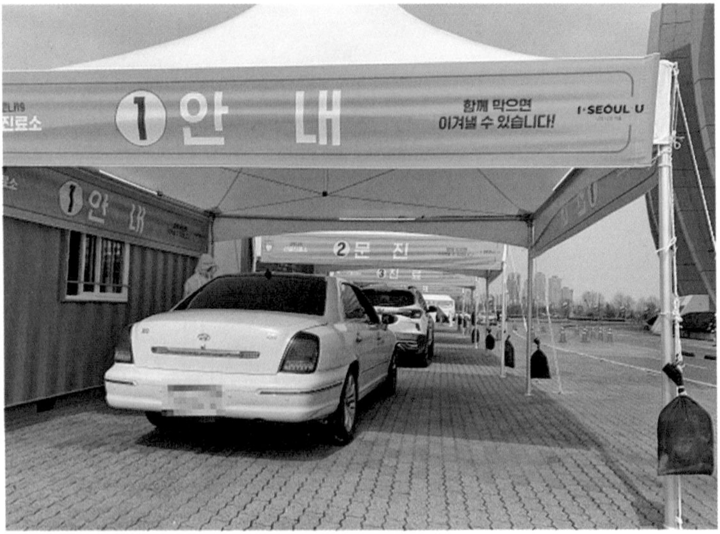

출처: http://www.doctorstimes.com/news/articleView.html?idxno=210254

2. 세계의 찬사를 받는 한국의 대응과정

2020년 1월부터 세계를 강타한 '코로나19'로 인하여 세계 각국들은 갈피를 잡지 못하여 한동안 혼돈의 와중으로 빠져들었다. 코로나19 발생 초기에 대부분의 국가들은 사태의 심각성을 제대로 인지하지 못하고 소홀히 대응하다 보리스 존슨 영국 총리뿐만 아니라 프랑스 마크롱 대통령, 미국 트럼프 대통령, 브라질 자이르 보우소나루 대통령까지 확진자가 되어 병원에 강제 격리되기도 하였다. 대한민국도 초기에는 다소 혼란이 있기는 하였지만 여러 선진국들에 비하여 비교적 조기에 체계적이고 적극적인 대응으로 세계의 찬사를 받기에 이르렀으며 'K-방역'으로까지 자리매김하게 되었다.

코로나19 진단키드를 조기생산하고, 코로나19 검진을 위한 드라이브 스루 선별진료소, 워크 스루 시스템, 확진자 동선 알리미 앱, 마스크 앱 등을 개발하여 감염자로부터 신속하게 전염을 차단하고 접촉자를 분리시켜 코로나19의 확산을 조기에 차단하였다. 코로나

19 발생 초기에 선진국들은 우왕좌왕하고 있었지만 한국은 새로운 진단 시스템 등을 개발하여 선진국들로 하여금 선망의 대상이 되었을 뿐만 아니라 글로벌 스탠다드의 표준이 되기도 하였다.

코로나 의심자에 대해서도 한국은 조그만 사전징후라도 포착되면 적극적으로 코로나진단검사를 실시한 반면에 선진국들은 비교적 명확한 증상이 있어야 진단검사를 하였다. 또 한국 정부는 코로나19의 확산을 막기 위해 주민이동을 제한하는 데도 적극적이었다. 게다가 한국인들은 정부의 방침을 능동적으로 따랐기 때문에 자발적으로 주민자율통제 시스템이 효과적으로 작동되었다. 반면에 선진국에서는 정부의 방역지침 등을 위반하는 모습이 빈발하여 코로나 확산세가 줄어들지 않자 강제통제방안을 강구하였다. 코로나19의 진단에 소요되는 시간도 한국은 1~2일 이내로 빠른 편인 반면에, 선진국들은 최소한 3~4일 또는 그 이상이 소요되었다.

코로나19에 대응하는 지도자들의 모습에서도 큰 차이가 나타났다. 코로나19의 위험에도 불구하고 선진국 지도자들은 마스크사용을 기피하는 경우도 발생하였다. 특히 미국 대통령인 도널드 트럼프는 스스로 마스크 사용을 기피할 뿐만 아니라 마스크 사용을 장려하는 최고의 전염병 전문가인 미국 국립 알레르기 · 전염병연구소NIAID 소장인 앤서니 파우치 소장을 심하게 질책하기도 하였다. 한국과 선진국들이 코로나19에 대응한 모습을 정리하면 〈표 6〉과 같다.

<표 6> 코로나19에 대한 한국과 선진국의 대응양상 발생 초기를 기준

	한 국	선진국
대응 시기	조기 대응	늑장 대응
정보의 공개/활용 여부	개방형	폐쇄형
의심자에 대한 대응	적극적	소극적
진단 능력	확장성	협소성
주민이동의 제한	자율적 통제 중심	강제 통제 중심
진단 결과 소요일	1~2일 이내	최소한 3~4일

이와 같이 코로나19 발생 초기에 한국은 선제적이며 능동적인 대응으로 주요 선진국에 비해 매우 선방했는데 그와 관련된 내용을 <그림 21>에서 확인할 수 있다중앙일보 2020.4.8.. 한국의 1인당 연간 외래진료횟수는 16.6회로 미국의 4.0회에 비해서는 압도적으로 높은 수준이고, 이웃 일본의 12.6회보다도 매우 높은 수준이다. 반면에 치명률은 이탈리아 12.5, 프랑스 12.0에 비해 한국은 1.9로 주요선진국들 중에서 가장 낮다. 그러자 K-방역이 전 세계에 회자되었다.

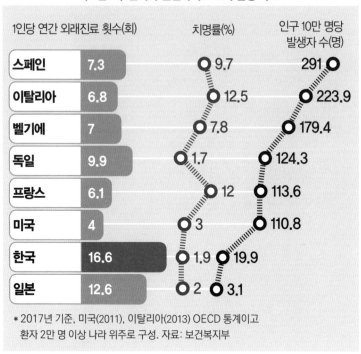

〈그림 21〉 한국과 선진국의 코로나 발생 비교

1인당 연간 외래진료 횟수(회)	치명률(%)	인구 10만 명당 발생자 수(명)
스페인 7.3	9.7	291
이탈리아 6.8	12.5	223.9
벨기에 7	7.8	179.4
독일 9.9	1.7	124.3
프랑스 6.1	12	113.6
미국 4	3	110.8
한국 16.6	1.9	19.9
일본 12.6	2	3.1

* 2017년 기준, 미국(2011), 이탈리아(2013) OECD 통계이고
  환자 2만 명 이상 나라 위주로 구성. 자료: 보건복지부

출처: 중앙일보, 2020.4.8.

3. K-방역★은
어떻게 탄생했을까?

○ 우수한 의료인력과 IT기술

우리나라에서 가장 우수한 인재가 모이는 곳이 바로 의과대학이
다. 코로나19사태에서 우수한 인재가 IT기술과 접목되어 시너지를
유감없이 발휘하였다. 일례로 코로나19 확진자를 검사하는 드라이
브 스루 시스템은 ○○의료원의 1번 확진자를 진찰한 의사와 지방
의 ○○병원장 등 관계전문가들이 온라인 그룹채팅방에서 메디컬
회의를 하다가 탄생한 것이라고 한다. 2015년 이미 메르스사태를
경험하면서 향후 전염병 예방을 위하여 의료진들 간에 드라이브 스

★ 정형선 교수(연세대)는 지구촌이 팬데믹현상에 직면하여 한국이 "K-방역"으로 찬사를
받게 된 이유를 네 가지로 압축하고 있다. 성숙한 국민과 차분한 정부의 대응, 의료인의 헌
신, 한국의 우수한 건강보험제도이다. 더불어 2000년대 초의 사스와 2015년 메르스사태
의 경험이 질병관리본부가 코로나19 발생 초기에 체계적으로 대응하는 데 지대한 공헌을
하였다고 한다(정형선, 똑! 똑! 코로나19?, SRI, 2020: 58).

루에 대해 논의했었는데, 이 아이디어를 구체적으로 논의하여 좋은 시스템을 개발하게 된 것이다. 또 코로나19가 발생하자마자 2020년 1월 말 질병관리본부는 국내 민간시약업체 관계자 및 전문가들과 서울역 빠른 회의실에서 긴급회의를 하여 진단시약 긴급사용승인 계획과 함께 진단시약 개발의 협조를 요청하였다. 이처럼 조기대응을 할 수 있었던 것은 2015년 메르스사태를 경험한 것이 큰 도움이 되었다고 한다_{서명옥 소장}[*]. 이밖에도 확진자 동선관리 및 추적을 위한 앱, 마스크 재고량을 알려주는 마스크 앱 등을 개발한 것은 IT 선진국의 장점을 잘 살린 사례다.

○ 자율적 커뮤니티 통제시스템
Self-Community Control System

주민들은 코로나19로부터 공동체를 지키기 위해 자발적으로 이동을 자제하였다. 필자는 이를 '자율적 커뮤니티 통제시스템_{Self-Community Control System}'이라고 부르고자 한다. 코로나19사태를 통하여

★ 서명옥 전 강남구 보건소장은 2015년 메르스사태 때 현장책임자로서 메르스사태의 전 과정을 몸소 체험하였으며, 이번 코로나19사태 초기에 대구 신천지사태가 터지자마자 가족의 만류에도 불구하고 자원봉사자로 참여하였다. 현장에서의 생생한 경험을 "현장에서 겪은 감염병 관리대응: 메르스사태와 코로나19를 중심으로"(똑! 똑! 코로나19?, 수원시정연구원(SRI), 2020)라는 주제로 시민자치대학의 온라인특강에서 강의했다.

주민들의 커뮤니티 공동체 자율통제 시스템이 발현되었다. 민간의료 관계 전문가, 민간병원과 공공의료기관, 지역주민, 중앙정부와 지방 정부 간 협력 네트워크가 잘 발현되었다. 전염병을 예방하고 방지하는 것은 정부의 당연한 책무이지만 이번에는 시민들과 전문가들이 자발적으로 참여하였다.

코로나19를 접하면서 선진국들은 유달리 마스크 쓰기를 꺼려하였다. 반면에 우리나라는 나뿐만 아니라 커뮤니티공동체를 보호하기 위해 마스크를 썼다.

초기에 마스크 대란이 발생했지만 마스크 앱을 개발하여 질서를 회복하고 생활필수품 등에 대한 물건사재기를 주민들 스스로 절제하여 찬사를 받았다. 즉 코로나19 발생 초기에 선진국에서는 생활 필수품 사재기 광풍이 일었지만 한국에서는 IT기술을 활용한 택배 시스템 덕분에 생필품 사재기 현상이 전혀 발생하지 않았다.

최근 20년째 의학전문기자 생활을 하고 있는 '산제이 굽타'는 미국 CNN과의 인터뷰를 통해 한국의 방역성과는 자신뿐만 아니라 이웃과 공동체를 향한 한국인의 책임감 때문에 가능하였다고 말했다중앙일보. 2021.2.25.. 또한 대구시의 C부시장은 신천지사태를 계기로 급속도로 확산된 코로나19의 대확산을 잠재운 것은 바로 '시민정신'이라고 하였다 문화일보 2021.2.9. . 코로나19로 인하여 영국에서는 지방선거도 치르지 못하고 연기하였는데, 한국은 4·15총선을 아무 탈 없이 치르는 등 선진국들의 부러움을 샀다. 이 모든 것들은 주민들의 자발적인 협조 덕분에 가능했다.

○ 지방정부의 역할과 공조체계

코로나19 발생 초기에는 다소 혼란을 겪기도 했지만 지방정부와 중앙정부가 협력하여 초기의 혼란을 조기에 수습하는 지혜를 발휘하였다. 코로나19 사태를 접하면서 중앙정부와 지역사회 및 시민단체 못지않게 지방정부가 보이지 않게 적지 않은 역할을 했다. 특히 지방정부는 현장에서 특급 소방수 역할을 할 뿐만 아니라 혁신적인 아이디어를 쏟아냈다. 감염자가 확인되면 전염을 제어하기 위한 감염자의 추적이 급선무다. 지방정부는 코로나19 발병이 확인되는 즉시 확진자뿐만 아니라 직·간접 접촉자까지도 격리시킴과 동시에 동선을 철두철미하게 추적하여 확산을 차단하는 데 심혈을 기울였고, 확진자를 조기발견하기 위해 역학조사관을 채용하여 선제적으로 대응하였다.

수원시의 경우 외국에서 귀국하는 사람들을 일정기간 격리하기 위해 수원시에 위치하고 있는 청소년 유스호스텔, 중앙선거관리위원회의 선거연수원 등을 격리 시설로 활용하였다. 외국에서 귀국하는 자녀들을 위해 수원시는 도심의 텅 빈 고급호텔 객실을 저렴한 비용으로 이용하도록 함으로써 어려움에 처한 호텔에도 도움이 되고 이용자들은 매우 저렴한 비용으로 안심숙소를 이용할 수 있었다. 이밖에도 수원시는 많은 아이디어를 발굴하고 바로 실행하여 '코로나19'의 확산을 막을 수 있었다.

수원시뿐만 아니라 여러 지방정부에서 다양한 방안들이 강구되어 '코로나19'가 조기에 확산되는 것을 막아내는 소방수 역할을 충실히 수행하였다. 경기도 고양시에서 도입한 드라이브 스루 검진시스템은 곧바로 전국으로 확산되기도 하였다. 서울시 성동구의 '안심출입증카드', 인천시 부평구의 확진자 및 접촉자 24시간 밀착감시, 전주시와 오산시의 임대료 인하 캠페인 등 여러 지방정부가 코로나19 극복을 위한 창의적인 아이디어를 발굴하였다. 『클라우스 슈밥의 제4차 산업혁명』에 의하면 향후 권력의 핵심은 거시권력Macro-power에서 미시권력 Micro-power 으로 중심축이 이동한다 클라우스 슈밥, 클라우스 슈밥의 제4차 산업혁명, 2016.4.20. . 이는 지방정부의 역할이 훨씬 중요해진다는 의미이다.

이런 일련의 과정을 겪으면서 이번 코로나19를 계기로 선진국의 모습을 되돌아보게 되었고 우리가 해내고 있는 일에 강한 자부심을 느끼게 되었다. 그동안 우리 사회에는 이기심과 불신이 팽배하기도 했는데, 코로나19를 계기로 중앙정부와 지방정부 그리고 시민들 간에 신뢰사회를 형성하게 되었으니 불행 중 다행이다.

○ 위기관리에 대한 경험의 축적과
위기관리 DNA의 작동

한국은 사스와 메르스를 거치면서 의료관리 시스템이 지속적으로 진화·발전해 왔다. 특히 2015년 메르스사태를 겪으면서 축적한 경험이 큰 도움이 되었다. 시료채취와 검사과정에서 표출된 문제, 관련제도를 갖추지 않아서 초래된 혼란, 공공의료와 민간부문의 불협화음 등 과거에 쌓은 경험을 바탕으로 문제점들을 극복하기 위한 제반 조치들을 마련한 덕분에 이번 사태를 해결하는 데 크게 공헌하였다.

일례로 메르스사태 당시에 강남구 보건소장이었던 서명옥 소장의 경험에 의하면 환자는 서울시 강남에서 주로 발생하는데 환자로부터 메르스 시료를 채취한 뒤 충북 오송에 있는 질병관리본부당시에는 법적으로 공인된 검사가 가능했다.까지 가서 검사를 해야 확진여부를 알 수 있었다. 특히 주말에 서울에서 오송까지 오가는 데 많은 시간이 지체되었는데, 이러한 뼈아픈 경험이 큰 교훈이 되었다.* 또한 당시 초기에는 사법경찰권이 없어 현장 대응이 매우 어려웠다. 그래서 역

★ 메르스사태 당시 삼성병원에서 메르스 환자의 검체를 확보한 후 오송의 질병관리본부까지 가는 데 5시간이나 소요되었다. 검사기관이 발병자 발생지역과 지리적으로 원거리에 있다 보니 신속한 방역에 어려움이 있었다고 한다(서명옥, "현장에서 겪은 감염병 관리대응: 메르스사태와 코로나19를 중심으로", 똑! 똑! 코로나19?, 2020: 48).

학조사관에게 사법경찰권을 부여하도록 하여 현장 대응력을 한층 높였다고 한다. 이번에 코로나19사태가 발생하자마자 사태의 심각성을 누구보다 먼저 감지해 가장 먼저 대구에 자원봉사자로 내려갔다 서명옥. "현장에서 겪은 감염병 관리대응: 메르스사태와 코로나19를 중심으로" 시민자치대학 온라인강의,SRI, 2020.5. .

또한 이번에는 다른 나라들에 비해 공동체의식이 남달랐는데, 우리 국민들에게 '위기관리 DNA'가 잠재되어 있었기 때문이다. 즉 개인의 이익보다는 공동체 구성원들의 안위를 우선시하는 우리만의 고유한 미덕이 작동한 것이다. 서구사회는 개인의 프라이버시를 우선시하는 가치관을 가진 반면에, 한국은 유교사상을 기반으로 하는 공동체의식이 강하다. 즉 한국 국민들은 공동체에 위기가 닥치면 모두가 위기극복을 위해 능동적으로 동참한다. 이른바 위기극복을 위한 DNA가 작동한 것이다. 이는 1997년 IMF사태에서 확인되기도 하였으며, 코로나19사태에서도 예외는 아니었다. 참고로 대구 신천지사태 당시에 서명옥 전 강남보건소장은 자원봉사자로 참여했는데, 대구로 간 첫날밤에 가슴이 따뜻해지는 편지 한 통을 받았다. 의료진에게 격려편지와 함께 300만 원을 보낸다는 내용이 〈그림 22〉에 나타나 있다.

〈그림 22〉 코로나19 방역 자원봉사자의료진에게 보내온 격려편지

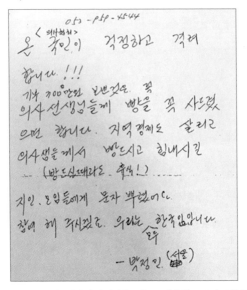

출처: 서명옥, "현장에서 겪은 감염병 관리대응: 메르스사태와 코로나19를 중심으로"
(똑! 똑! 코로나19?, SRI, 2020: 53)

○ **첨단기술에 기반한 SOC와 소프트웨어의**
　 조화로운 접목

　한국은 세계 최고의 정보통신국가이다. 광통신망이 보급되고 우수한 정보통신기술 덕분에 재택근무나 인터넷 강의를 원활하게 할수 있으며, 거미줄처럼 촘촘한 물류 배달인프라가 잘 구축되어 저녁에 주문하면 다음 날 새벽에 도착하는 로켓·총알·새벽배송이 보편화되었다. 즉 IT기술을 기반으로 하는 하드웨어와 소프트웨어를 조화롭게 접목한 결과, 코로나사태에서 서구 선진국에서는 생필품 사재기 광풍이 불었지만 우리나라에서는 그런 모습을 전혀 볼 수 없었다.

○ 적극적인 정보공개

코로나19의 진원지로 추정되고 있는 중국 우한에서 적극적으로 정보공개를 하지 않자 초기에 혼선이 적지 않았다. 중국은 우한이 진원지가 아니라고 주장했고, 정보의 미공개로 초기에 효과적으로 예방할 수 있는 기회를 놓쳤다. 결국에는 엄청난 피해를 초래하게 되었다. WHO 조사팀은 2021년 1월 29일부터 약 10여 일간 중국 우한을 방문하여 역학조사를 실시하였다. 조사팀을 이끈 WHO '페터 벤 엠 바렉' 박사는 2019년 12월 우한에서 13종의 변이가 발생한 것을 포함해 코로나19가 당시에 널리 퍼졌다는 징후가 있었으며, 이는 당시 1,000여 명 이상의 감염자가 있었다는 것을 시사한다고 하였다중앙일보, 2021.2.16..

우리나라도 코로나19 발생 초기에 정보공개에 혼선이 있기는 하였지만 질병관리본부가 중심이 되어 통합관리체제가 구축되면서 날마다 감염자 정보를 공개하고 시민들의 협조를 구하고 있다. 지방정부도 선제적으로 감염자 실태를 파악하여 시민들에게 카톡이나 문자로 관련 정보를 제공하여 전염병 조기차단을 위해 심혈을 기울이고 있을 뿐만 아니라 코로나19를 예방하기 위해 온갖 노력을 경주하였다. 간혹 지나친 정보공개로 인하여 개인의 신상이 노출되는 부작용도 간간히 나타나기도 하였다★.

.

★ 음식점이나 카페 출입 시 코로나 출입부 명부를 핸드폰으로 촬영하여 그 정보를 사적으로 이용하는 문제점이 생기기도 하였다.

4. K-방역을 통해 본 스마트 한국의료

한국이 코로나19를 극복해 나가는 과정에서 여러 선진국과 다른 점이 점차 부각되었는데, 이를 한국형 방역K-방역이라고 일컫고 있다. 이러한 배경에는 비교적 저렴한 비용으로 전 국민에게 적용되는 한국형 건강보험제도, 우수한 의료인력, 세계 최고의 IT기술 등이 있는데, 이 제반요소들이 큰 효과를 내고 있다. 이런 한국의 의료관리 시스템을 '스마트 Smart 한국의료'라고 칭해도 손색이 없을 듯하다.

〈그림 23〉은 스마트 한국의료의 특징을 보여주고 있다. 이번 '코로나19'사태를 접하면서 대한민국은 스마트 의료시스템의 참모습을 보여주는 것 같다. 즉 스마트 의료관리시스템을 기반으로 좋은 성과를 거둘 수 있었다. 한국형 방역은 세계 최고의 정보통신기술을 비롯해 우수한 건강보험제도와 양질의 의료서비스, 광범위한 검역과 신속한 대응조치, 촘촘한 정보망, 우수한 택배시스템, 수많은 편의점, 스마트폰의 높은 이용율, CCTV의 높은 설치율, 사회적 방역과 생활방역에 솔선수범하는 시민의식 등의 합작품이라고 볼 수 있다.

〈그림 23〉 스마트 한국의료의 특징

◆ 특성 : 스마트 한국 의료 시스템의 특징

O 첨단의료인력과 기술로 무장 : IT 기술, 우수 의료 인력,
    장비, 정보 공유, 소통 (스마트 의료 관리)
O 사스, 메르스 사태를 거치며 제도·기술·신뢰·사회적
    가치가 발전 : 한국은 진화를 거듭
O 공동체의식, 위기관리 DNA 작동 : 사재기 제로

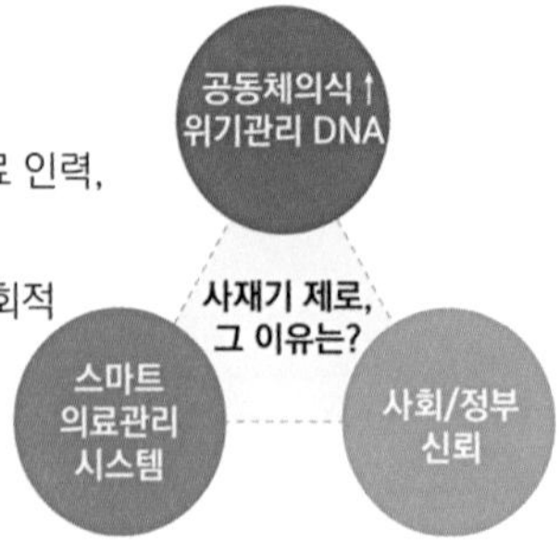

〈그림24〉는 이번 '코로나19'사태를 겪으면서 미국 및 유럽 선진국 6개국 6천여 명을 대상으로 경제정책연구센터에서 설문조사를 한 자료이다. 이 그림을 보면 대한민국은 영국, 미국, 일본, 이탈리아 등과는 상당한 차이를 보인다. '근무환경의 변화'를 보면 우리도 직장을 많이 잃었지만실직 상대적으로 비교적 양호한 수치를 보여주고 있다. '정부 정책의 효과에 대한 신뢰도'에서는 전혀 신뢰하지 않는다는 대답이 주요 선진국과는 달리 한국은 1.6%에 불과한 것으로 나타났다. 이는 이번에 사재기 등을 거의 하지 않은 것과 맥을 같이한다. 한국사회의 성숙한 모습을 보여주는 한 단면이기도 하다.

〈그림 24〉 '코로나19'로 인한 선진국과 한국의 모습 비교 일자리 및 신뢰도

'코로나19' 대유행에 따른 영향

6개국 6,082명 설문조사
(단위 : %) 자료 : 경제정책연구센터(CEPR)

근무환경의 변화

■ 실직 ■ 재택근무 ■ 변화 없음 ■ 기타
★ 미국은 캘리포니아, 플로리다, 뉴욕, 텍사스 4개 주

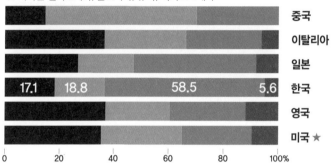

정부 정책의 효과에 대한 신뢰도

■ 전혀 없음 ■ 약간 효과적 ■ 적당히 효과적 ■ 매우 효과적 ■ 극도로 효과적
★ 미국은 캘리포니아, 플로리다, 뉴욕, 텍사스 4개 주

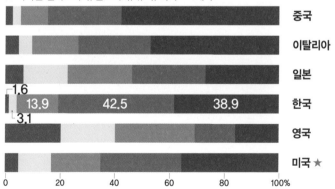

출처: http://www.hani.co.kr/arti/economy/economy_general/945488.html

제6장

코로나 19가 대한민국을
글로벌 무대로 재소환하다

1. 글로벌 무대에 한국이 등장했던 역사적 순간들

K-방역으로
한국이 세계의 이목을 집중시키고 있는데,
그럼 과거에는
어떠한 모습으로
글로벌 무대에 등장하였는가?

○ 한국이 세계의 이목을 끈 4번의 순간

대한민국이 '코로나19'에 대응 및 극복하는 과정이 세계의 이목을 끌면서 우리 스스로를 되돌아보는 계기가 되고 있다. 지금까지 한국이 세계무대의 중심으로 등장한 경우가 네 차례 있었다.

정부수립 이후 한국은 네 번이나 세계의 이목을 집중시켰다. 첫째는 1950년 발발한 6 · 25 전쟁이다. 미국을 비롯한 UN 16개국의 지원 덕분에 겨우 나라를 지킬 수 있었다. 둘째는 1988년에 개최된

서울올림픽이다. 전쟁의 폐허에서 대한민국의 재출발을 알리는 계기이기도 하였다. 셋째는 2002 한 · 일 월드컵의 개최이다. 세계축구의 변방인 대한민국이 '4강 신화'를 창출하였다. 특히 시청 및 광화문 광장에서 펼쳐진 '붉은 악마'의 응원열기와 문화는 세계인을 놀라게 하였다〈그림 25〉.

넷째는 바로 '코로나19'사태로 인한 K-방역이다. 우리도 모르는 사이에 대한민국이 세계 중심에 등장하였다. 예기치 않게도 '코로나19'가 발생하면서 대한민국이 세계적으로 큰 주목을 받았다. 물론 K-방역의 전초가 된 K-팝, K-드라마와 영화를 비롯한 K-컬처, K-푸드 등이 토대가 되고 있지만 K-방역은 지구촌에 새로운 모습으로 각인되고 있다.

〈그림 25〉 2002년 월드컵 경기 응원 장면서울 시청 앞 광장

출처: https://www.korea.kr/news/policyNewsView.do?newsId=148833298

○ 그동안 한국이 걸어온 길과 앞으로의 과제

흔히 대한민국의 발전을 '한강의 기적'이라고 일컫는다. 6·25 전쟁의 잿더미에서 경제성장을 이루고 세계 10위의 경제대국으로 우뚝 섰다. 빈곤과 굶주림에 허덕였지만 이제는 풍요로움을 만끽하고 있다. 하지만 앞으로 해결해야 할 과제도 있다. 바로 빈부격차의 확대로 인한 계층 간의 갈등문제이다. 즉 소득증가로 살림이 윤택해졌으나 이로 인한 소득격차 문제가 발생했는데, 이 부작용을 어떻게 극복할 것인가가 중요한 과제로 대두되고 있다.

한편, 대한민국은 '도시화의 기적'을 이룬 국가이다. 도시화의 핵심은 도시로 유입되는 인구의 증가인데, 앞에서 소개한 〈그림 5〉에서 알 수 있듯이 세계에서 유래를 찾아볼 수 없을 정도로 급속도로 도시화가 진행된 국가이다. 도시는 기본적으로 고생산성, 고효율을 지향한다. 이는 대한민국을 발전시키는 토대이기도 하였다. 판자촌이 고층아파트로 탈바꿈하고 생활환경도 여느 선진국이 부럽지 않게 좋아졌다. 하지만 아직도 개발 만능주의에 사로잡혀 있고 개발로 인한 부작용으로 미세먼지 등 기후위기에 직면하고 있다.

'코로나19'를 계기로 'K-스마트 의료'와 'K-방역'이 글로벌 무대에서 주인공으로 등장하게 되었다. 'K-방역'은 어느새 글로벌 표준Global Standard으로 자리매김해 가고 있다. 그러나 우리 앞에는 새로운 위기가 도사리고 있다. 한국은 초고령사회가 되어가고 2030년에는 최장수국가가 된다고 한다. 노인문제를 비롯해 저출산, 지방소멸 등을 어떻게 극복할 것인가가 새로운 과제로 등장하고 있다. 이를 정리하면 〈표 7〉과 같다.

〈표 7〉 한국의 도약유형과 특성

유형	결과	새로운 위기
한강의 기적	경제성장, 소득증가	격차문제 발생 계층 간 갈등
도시화의 기적	삶의 질, 생활환경 제고	환경의 질 저하 기후변화(지구온난화)
K-방역의 기적	의료 선진국, 최장수 국가	노인문제, 세계 최저 출산율

2. 포스트코로나 시대에
우리는 어디로 가야 하는가?

만약 '코로나19' 사태가 없었다면 우리는 선진국의 참모습에 대해 진지하게 고민해 보지 못했을 것이다. 코로나19는 '위기가 기회라는 것을 증명하는 사건'이라고 생각한다. 우리도 모르는 사이 세계 선진국들이 우리나라를 부러워하게 되었다.

예를 들면 지하철, 고속철도, 도로망 등과 같이 잘 구축된 사회간접자본SOC, 높은 교육수준과 치안수준, 최첨단의 IT기술 및 정보통신 수준, K-Pop, 드라마, 영화 등으로 상징되는 K-컬처한국의 문화예술, 김치로 상징되는 K-푸드, 실시간 대중교통버스정보시스템BIS, 공중화장실 문화 등 사회기반시설을 세계가 부러워하고 있다. 여기에다 이제는 K-방역이 추가되기에 이르렀다.

여기서 잠깐 세계 주요 국가들의 해외여행지수를 살펴보면 매우 흥미롭다. 해외여행지수가 1995년에는 한국이 0.08인 반면에, 프랑스 0.31, 미국 0.19, 일본이 0.12로 우리나라보다는 압도적으로 높았다. 하지만 2018년 국민 1인당 해외여행 빈도를 살펴보면, 〈표 8〉과 같이 한국은 0.56인 데 비하여, 미국은 0.28, 일본은 0.15로 오히려 우리가 약 2~4배 높은 수치를 보이고 있다Word Bank, International Tourism.

이에 반해 유럽은 한국보다 수치가 높기는 하지만 국경개념이 희박한 EU 국가들의 특성상 우리나라와 평면적으로 비교하기는 곤란하다. 즉 영국이 1.06, 독일 1.31로 높지만 유럽의 경우 EU공동체로 묶여 있어 국경개념이 우리와는 상이하기 때문에 비교하기엔 다소 무리가 있다. 그런 맥락에서 본다면 우리나라 국민의 해외여행 빈도는 세계 최고 수준이라고 하여도 별무리가 없을 것이다.

〈표 8〉 국민 1인당 해외여행 지수

	일본	미국	프랑스	대한민국	영국	독일
1995	0.12	0.19	0.31	0.08	–	–
2000	0.14	0.22	0.33	0.12	–	0.98
2005	0.14	0.21	0.36	0.21	–	1.05
2010	0.13	0.2	0.39	0.25	0.86	1.05
2015	0.13	0.23	0.4	0.38	0.99	1.03
2018	0.15	0.28	0.4	0.56	1.06	1.31

출처: World Bank, International Tourism, 각 년도 자료를 기준으로 작성함.

그동안 아메리칸 드림을 좇아만 가던 우리가 이제 코리안 드림을 꿈꾸도록 만들었다. 실제로 코리안 드림을 꿈꾸고 몰려오는 외국인들이 늘어나고 있다조선일보, 2020.4.21.. WHO가 발표한 10년 후의 기대수명에 의하면, 우리나라의 10년 후 기대수명은 세계 1위로 여성 90.8세, 남성 84.1세이다 중앙선데이 2020.5.02.. 이는 대한민국의 의료서비스 수준이 세계 최고임을 방증하고 있다. 즉 글로벌 스탠더드로서 손색이 없다는 것이다.

양질의 의료서비스 제공과 초고령사회의 도래는 경제활동인구의 감소와 노동인력의 부족으로 이어진다. 이는 서구 선진국들이 이민자들을 받아들이는 까닭이기도 하다. 우리나라도 조만간 이민정책에 대한 개방적 시각을 가질 수밖에 없을 것으로 생각되며, 개방 시 우수인력에 대하여 우선적으로 문호를 개방해야 할 것이다.

얼마 전 미국에 본부를 둔 한 의료학회가 세계학술대회를 한국에서 개최할 수 있는지 여부를 타진해 왔다고 한다. 아마 '코로나19'로 인하여 개최 예정인 장소에서는 개최가 불가능하다고 판단한 듯하다한국경제 2020.5.08.. 이는 현재 세계에서 한국이 가장 안전한 국가임을 방증하는 것이다. IT기술까지 보유한 우리나라는 MICE Meeting: 미팅, Incentives: 포상관광, Convention: 컨벤션, Exhibition: 전시회 산업의 요건과 안전성까지 갖춘 최적지이다.

지금까지 우리는 선진국들을 추종하는 추종자의 역할에 충실해 왔다. 그러다보니 우리도 모르는 사이에 사대주의와 서양우월주의에 사로잡혀 왔다. 자아自我보다는 타아他我에 매몰되어 왔다. 즉 자신의 행복과 만족을 추구하기보다는 타인의 눈을 지나치게 의식하는 인생을 살아 온 격이 되었다. 이제는 사대주의와 서양우월주의를 되돌아보고 남의 시선으로부터 벗어나 나의 행복과 만족을 추구하는 사고의 전환도 필요하다.

코로나19는 대한민국의 위상과 선진국의 참모습을 되새기는 교두보가 되었다. 더불어 삶의 근본적인 모습을 일깨워 주고 있다. 즉 코로나19는 자기만족과 자아인생을 통해 '소소하지만 즐거운 인생소즐인'으로 살아가는 지향점이 되었다. 비로소 '소즐인'의 소중함을 일러주는 계기가 되었다고나 할까? 그동안 앞만 보고 열심히 달려온 인생을 뒤로 하고, 코로나19를 계기로 자아自我를 성찰하고 스스로를 되돌아본다면 어떨까?

그동안 우리는 늘 타인선진국의 시선에 나대한민국를 비교하면서 스스로의 존재를 왜소화하는 경향이 있었다. 전쟁의 잿더미에서 살아남기 위해 우리는 늘 선진국을 벤치마킹하면서 열심히 달려오면서 스스로의 모습을 살펴볼 겨를이 없었다. 코로나19로 우리 스스로를 되돌아보게 되었다. 즉 한국적인 것이 세계적인 것이 될 수 있으며, 한국적 표준Korean Standard이 세계적 표준Global Standard이 될 수 있음을 깨닫게 되었다. 이를 계기로 우리는 세계 최고 선진국으로 도약

할 수 있는 기회를 얻게 되었다. 코로나19는 대한민국이 새로운 단
계STEP로 진입할 수 있는 교두보가 되고 있다.

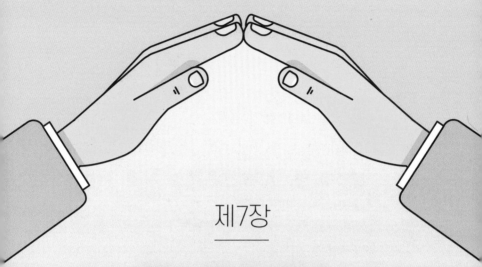

제7장

포스트코로나,
변화를 알면 길이 보인다

1. 포스트코로나 시대의 변화,
STEP론

코로나19 이전의 모습과 이후의 모습은
완전히 달라진다는데…
무엇이, 어떻게 달라질까?
흔히 위기를 기회라고 하는데
코로나19라는 위기가
새로운 단계STEP로 나아가는
전화위복의 계기가
될 수는 없을까?

2000년 1월 1일 새천년이 시작한 이래 지구촌의 가장 큰 재앙이 바로 코로나19가 아닐까 싶다. WHO가 출범한 이래 세 번째 팬데믹으로 코로나19를 선언했는데, 코로나19는 지구촌을 새롭게 변화시키는 변곡점이 될 것이다. 코로나19 이후에 인간의 삶과 행동양식이 급변할 것으로 예견되고 있으며, 뉴 노멀new Normal이 도래할 것이다. 즉 코로나19 이후에는 우리 사회가 새로운 단계STEP로 진입할 것이다. 지금 우리는 릴레이 계주에서 배턴을 터치하는 순간에 놓여 있다. 자칫 배턴을 놓치면 나락으로 떨어질 수도 있다. 어찌 보면 코로나19가 우리의 삶을 한 단계 더욱 도약하는 계기가 될 수도 있다.

포스트코로나, 코로나19 이후에 대한민국의 위상이 한 단계 높아지기 위해서는 새로운 단계로 도약해야 한다. 필자는 코로나19 이후에 새로운 단계STEP로 도약해야 한다는 의미에서 'STEP'이라는 용어를 만들었다. 'STEP'은 'Social Life, Technology, Education & Economy, Politics & Public Health'의 앞 문자들을 딴 것이다. 코로나19사태 전 · 후의 모든 분야의 변화 양상을 조망하기에는 어려움이 있기에 여기서는 코로나19로 인하여 일상생활에 직 · 간접적으로 영향을 미칠 것으로 예상되는 4가지, 즉 사회생활S; Social Life, 기술T; Technology, 교육과 경제E; Education & Economy, 정치와 공공의료P; Politics & Public Health 분야에서 일상적으로 자주 접하는 것을 중심으로 향후 변화 양상을 살펴보고자 한다.

2. STEP Ⅰ : 사회생활 Social Life 의 변화

○ 접촉 Off-line 시대에서 접속 On-line 시대로

그동안 우리는 접촉 시대에서 살아왔다. 즉 일상생활이 오프라인 과 콘택트 중심으로 이루어졌다. 만나서 함께 대화를 나누고 떠들고 소통하는 것이 일상이었다. '코로나19'는 무엇보다도 그동안 대면 접촉콘택트 중심의 삶의 방식을 비대면언택트 의 온라인 형태로 변모시 킬 것이다. 1980년 엘빈 토플러 Alvin Toffler 는 『제3의 물결』이라는 책 에서 20세기 후반이 되면 재택근무가 보편화될 것이라고 예언했는 데 재택근무는 언택트와 맥을 같이한다. 우리는 오랫동안 콘택트 문 화에 익숙해 왔기 때문에 언택트 현상을 기피 또는 거부하는 경향을 보여 왔으나 '코로나19'를 계기로 언택트 현상을 거부할 수 없게 되 었다. 이미 경제는 비대면언택트 형태로 많이 전환되고 있다. 과학기 술과 통신수단의 발달로 접촉보다는 접속을 통한 소통과 공감이 중 요해지게 되었다. 기성세대는 접촉 시대에 익숙한 반면에 MZ세대를 비롯한 신세대는 접속 시대에 익숙하다. 양자 사이에는 디지털 격차가 있다.

그런데 코로나19는 접촉 시대에서 접속 시대로 변화하도록 만들었다. 이제 우리는 접촉이 어렵거나 불가능한 상황으로 내몰리고 있다. 접촉이 어려워지니 불가피하게 접속 시대로 나아갈 수밖에 없다. 아날로그 중심의 사회에서 디지털 중심의 사회로 급변하게 된 것이다. 코로나19가 종말을 고하지 않는 한 이러한 현상은 지속될 것이다. 비록 코로나19가 종말을 고하더라도 접속 시대로 변화되는 흐름을 거스르기는 어려울 것이다. 코로나19는 본의 아니게 세대 간 디지털 격차를 줄이는 기회를 제공할 것으로 기대된다.

그렇다면 접촉이 없고 접속만 가능한 사회가 도래할까? 접속 중심의 사회에서 과연 인간은 풍요로운 삶을 영위할 수 있을까? 이어령 전 문화부장관은 아무리 디지털문명이 발달하더라도 아날로그적 삶을 포기하는 것은 어려우며, 디지털과 아날로그를 넘나들며 조화롭게 사는 것이 바람직하다고 한다. 이를 '디지로그사회'라고 칭하고 있다.

인간은 본질적으로 사회적 동물이다. 그 바탕에는 접촉이 자리하고 있기 때문에 접속만으로는 온전한 삶을 영위하기가 어렵다. 접촉과 접속이 혼용된 디지로그사회가 불가피하겠지만 접속사회가 중추가 되는 흐름을 거역하기는 어려울 것이다. 그럼에도 불구하고 한동안은 온 · 오프 혼용On-Off Blend 형태가 지배적인 모습으로 나타날 것이다. 쇼핑의 경우를 예로 들면 앞으로의 쇼핑센터는 놀이와 체험, 행복이나 문화욕구를 충족하는 역할을 수행해야 할 것이다. 소비자는 쇼핑상품을 견본이나 시제품의 전시 등을 통하여 확인하고, 구매는 온라인 또는 온-오프라인에서 행하는 혼용형태로 이루어질 것이다. 이러한 흐름에 따라 기존의 생활양식이 많은 변화를 보일 것이다.

한편 온라인사회가 주축이 될수록 이에 따른 부작용도 함께 나타날 것이다. 접속사회로 나아갈수록 고립감과 소외감 등으로 인한 정신질환자 증가와 같은 다양한 사회적 문제가 표출될 것이다. 접속사회로 인해 초래되는 부작용을 어떻게 극복할 것인가가 새로운 과제로 주어질 것이다.

○ 가치구조와 행동양식의 변화

'코로나19'로 인해 사회적 행동양식도 크게 변화할 것이다. '코로나19'로 가진 자도 못가진 자도, 젊은 세대도 기성세대도, 남성과 여성을 불문하고 전 지구촌 사람들이 예외 없이 생명의 위험에 노출되면서 행복이 무엇인지를 새롭게 인식하게 되었다. 삶에 대한 가치를 성찰하고 되돌아보게 되었다. 물질적 욕구보다 비물질적 욕구가 더 중요하다는 것을 깨닫게 된 것이다.

지금까지 우리는 인생에서 소득창출돈을 버는 것이 목적이 되어버렸다. 돈을 버는 것은 과정이고 궁극적으로는 삶의 즐거움과 행복을 추구하는 것이 삶의 목적인데, 목적은 잊어버리고 돈을 버는 것에만 몰두했다. 이는 수단과 목적이 도치된 것과 같다. 우리의 의지와는 상관없이 생명의 위험에 노출되는 것을 경험하면서 이제는 수단과 목적의 도치현상을 바로잡고, 궁극적으로 내 삶의 즐거움, 보람과 만족을 중요시하는 쪽으로 인생관을 바꿀 것이다. 이를 필자는 소즐인 소소하지만 즐거운 인생 이라고 명명해 보았다. 특히 지금까지 대한민국 사람들은 타인의 눈을 지나치게 의식하는 자아自我가 상실된 몰아沒我 인생타의인이었다면, 이제는 자아를 찾고 스스로의 만족과 즐거움을 찾는 삶으로 방향을 바꾸게 될 것이다. 다시 말하면 '타의인'에서 '소즐인'으로 가치구조 및 행동양식이 바뀌게 될 것이다.

○ 근무 및 생활 형태: 4도都 3촌村 시대의 도래

코로나19는 일하는 방식이나 삶의 형태도 바꾸어 놓을 것이다. 근무 형태를 보면 현재 5 오프Off 중심, 즉 주 5일 출 · 퇴근하는 형태에서 온 · 오프On—Off 형태의 혼용으로 바뀌어 향후 점차 온라인 근무로 바뀔 것이다. 민간의 경우는 재택근무가 우세할 것이지만, 공공부문은 상대적으로 온·오프라인 혼합 근무가 상당히 지속될 것이다. 하지만 궁극적으로는 온라인 형태가 대세가 될 것이다.

근무 형태의 변화와 더불어 앞으로는 행복추구, 삶의 질을 향상시키기 위해 현재의 주 5일 근무 형태에서 추후 주 4일 근무제로 전환되리라고 예상된다. 그동안 노동에 대한 욕구가 강렬하였다면 향후에는 삶을 음미하고 즐기려는 욕구가 강해질 것이다. 또한 생활 형태도 4도都 3촌村, 즉 4일은 도시에서 일하며 머무르고 3일은 시골에서 지내는 형태 또는 3도都 4촌村의 형태로 바뀌고 도시와 시골은 공유주택과 공유농업 또는 공유텃밭의 형태로 변화 및 진화될 것이다. 이는 위기로 다가오고 있는 지방소멸의 대안이 될 수도 있을 것이다.

○ 식문화의 변화

사회생활 중 식문화의 변화도 예상된다. 찌개 하나를 두고 여럿이 떠먹던 음식문화가 각자 자기 냄비의 음식을 먹는 형태로 변화하고, 전염병 예방을 위해 식당 내부구조도 바뀌고, 혼술, 혼밥, 1인용 식탁 등 분리된 공간 등으로 외형도 달라지고 있다. 수원시정연구원이 소재한 '더함파크'의 식당을 예로 들면 일상적으로 담소하면서 양방향으로 마주 보며 하던 식사가 단방향 식사로 바뀌었다가 다시 유리칸막이를 설치한 테이블로 바뀌었다〈그림 26〉.

〈그림 26〉 식당 구조의 변화: 수원시정연구원 더함파크 구내식당 모습

○ 조직문화 및 공간의 변화

조직문화 및 도시공간의 변화도 예상된다. 조직문화에서는 피라미드, 관료제, 계층제 중심의 조직이 수평적인 형태의 준오케스트라 조직 또는 네트워크 조직으로 변모할 것이다. 또 재택근무로 전환되어 각자의 역량을 검증하는 것이 용이해지고 이를 통해 경쟁력 있는 사람이 살아남게 될 것이다. 이는 중간관리 조직이나 관리자가 폐지되거나 축소되어 계급 구조가 혁파될 수도 있을 것이다. 행정의 경우도 현재는 관청을 방문하는 '방문행정 Visit Administration' 중심에서 관청을 방문할 필요가 없는 원격 또는 온라인행정 중심으로 바뀌어 갈 것이다.

일례로 출생신고의 경우, 현재는 병원에서 산모가 아이를 낳으면

의사가 출생확인서를 발급하고 이 출생확인서를 받아 가지고 동사무소에 가서 신고를 하게 되어 있다. 이렇게 오가는 번거로움을 없애기 위해 다음과 같이 하면 어떨까? 의사가 병원에서 출생신고서를 발급함과 동시에 정부의 민원포털에 전달되고, 그 사실을 온라인으로 부모에게 알림과 동시에 부모는 출생신고서 양식에 내역을 작성하여 온라인으로 전송하여 출생신고가 완료된다면 좋을 것이다. 만약 이의 또는 의문이 있을 경우 온라인으로 부모의 확인 절차를 거치도록 하면 될 것이다. 과거와 같이 관공서를 방문하여 업무나 민원을 처리하는 경우는 드물어질 것이다.

도시공간도 온라인 중심으로 일하게 되면서 현재 도시의 많은 오피스 공간이 불필요해질 수도 있다. 도시공간 수요의 변화는 불가피한 것으로 여겨진다. 이는 자칫하면 도심 공동화로 이어질 수도 있다. 도시공간 수요변화에 선제적이고 능동적으로 대처하지 못하면 도시경쟁력을 확보하지 못할 것이다.

○ 채용문화

민간부문의 경우 미국에서 오토매틱Automattic 소프트웨어라는 업체가 2005년 5월에 설립되었는데 해가 갈수록 회사의 규모가 커져 2018년에 30억 달러약 3조 원 규모의 기업이 되었다. 이 회사는 신규 직원채용 시 5개월에 걸쳐 진행한다. 채용과정에서 온라인 텍스트로만 역량을 검증하도록 하고 있다. 채용 시 혹시 모를 인종, 연령, 성별 등 편견을 배제하고자 화상회의조차 기피하고 있다. 2017년에는 샌프란시스코에 있던 본사마저도 폐지하여 명실상부한 온라인 기업이 되었다. 〈그림 27〉은 오토매틱 Automattic 의 글로벌 지사 현황을 보여주고 있다 위키피디아, Automattic .

〈그림 27〉 Automattic 글로벌 지사 현황

출처: https://1boon.kakao.com/goodjob/5d2307d69da52550b3108fd9

3. STEP Ⅱ : 기술Technology의 변화

○ 디지털 테크놀로지Digital Technology의 진화

기술분야에서는 아날로그 테크놀로지Analog Technology에서 디지털 테크놀로지 Digital Technology 로 급속도로 변모 · 진화할 것이다. AI, IT, AR, Big Data 등을 활용한 디지털 테크놀로지 Digital Technology 가 진가를 발휘할 것이다. 화폐도 현금 Cash Money 중심에서 디지털 머니 Digital Money 화되어가고 있다. 이미 우리나라에서는 인터넷뱅킹, 모바일뱅킹, 키오스크 등의 사용률이 이미 90%를 상회하고 있다. 이는 금융기관들의 지점축소 및 폐쇄로 이어지고 있다.

특히 2007년에 스마트폰이 등장하고 진화해 가면서 대한민국 국민을 포노 사피엔스Phono sapiens로 만들고 있다. 유선전화기에서 무선전화기를 거쳐 스마트폰으로 진화하면서, 스마트폰은 만물의 영장이 되어가고 있다. 앞으로 스마트폰을 잘 사용하고 활용하는 기술이 중요해지게 되었다. 과거에는 글을 모르는 문맹 文盲 이 치욕적이었지만 이제는 디맹 _{디지털 기기를 다루는 역량이 떨어짐}이 더욱 치명적인 약점이 되어버렸다.

4차산업혁명 시대를 맞아 빅 데이터_{Big Data}와 인공지능 _{AI} 등이 진화하면서 인간의 삶은 더욱 풍요로워질 것이다. 본디 사람의 일생이란 시행착오의 반복이 다반사인데 앞으로는 인공지능의 도움으로 각자 주어진 여건이나 상황에서 최적화된 해법을 찾아 살아가는 삶을 영위할 것이다.

의료분야에서는 앞으로는 건강에 이상이 생겨서 병원에 가기 전에 신체에 이상이 생긴 원인을 선제적으로 진단하고 찾아내어 발병의 원인을 사전에 제어하는 식으로 바뀔 것이다. 이를테면 부모님의 유전자를 미리 분석해 발병의 원인유전자를 사전에 제거하게 될 것이다.

이러한 현상은 의료분야뿐만 아니라 가장 적합한 직업을 찾는 데도, 배우자를 구하는 데도, 농사를 짓는 데도, 요리를 하는 데도, 비즈니스업종을 선택하는 데도 인간이 살아가는 데 필요한 모든 분야에 나타날 것이다. 바야흐로 개개인의 특성에 가장 최적화된 맞춤형 솔루션_{해법}으로 인생을 살아가게 될 것이다. 디지털 기술이 진화해 도시가 스마트도시로 되어가듯이 인간의 삶도 점차 스마트한 '스마트인생'이 될 것이다.

○ 원격의료

코로나19사태를 경험하면서 원격의료가 주목받고 있다. 고령화 사회가 되면서 헬스케어산업이 중요해지고 있다. 헬스케어산업에서는 원격의료가 주축이 될 것이다. 이미 원격의료와 관련된 기술은 상당히 진척되어 있다. 하지만 관련 집단 간에 이해관계가 복잡하게 얽혀 있어 쉬이 접점을 찾기가 용이하지 않다. 더불어 제도의 정비와 구축이 선행되어야 한다. 그러나 어차피 가야 할 길이라면 가능한 한 충격을 완화하면서 기술의 진보와 궤를 함께하는 것이 공생하는 길이다. 한동안 오프라인과 온라인이 공존하는 의료 시스템에서 점차 원격의료 시스템이 주축으로 자리매김해 나갈 것이다. 원격의료가 발달하면 할수록 대증요법적 의료관리 시스템보다는 사전예방적인 의료관리 시스템이 중요해질 것이다.

4. STEP Ⅲ-1 : 교육Education의 변화

○ 오프라인이 축소되고 온라인 교육이 대세로

이번 '코로나19'사태로 인해 변화 양상이 눈에 띄게 달라진 분야가 바로 교육분야이다. 오프라인 교육이 불가능함에 따라 불가피하게 온라인 교육이 도입되었다. 온라인 교육으로 인하여 여러 가지 불협화음이 있기도 했지만 향후 온라인 교육으로 나아가는 초석이 마련되는 계기가 된 것만은 분명하다. 특히 초등학교 저학년의 경우에는 온라인 교육을 하는 데 어려움 많이 따랐지만 그 외에는 부분적인 온라인 교육이 활용될 여지를 가늠해 볼 수 있었다. 초등학교 저학년의 경우, 온라인 교육이 '학부모 등교'로 불리기도 하였다. 즉 저학년들은 장시간 의자에 앉아서 집중력을 발휘하기에는 한계가 있어 부득이하게 부모가 대역을 하다 보니 '학부모 등교'라는 용어가 탄생하였다.

온라인 교육이 조기에 도입될 분야는 바로 대학이다. 대학의 경우를 보면 캠퍼스 중심의 대학Campus University에서 온라인 중심의 대학E-University: MOOC, KMOOC*등으로 급격하게 변모될 것이다. 즉 물리적 공간 중심의 대학 캠퍼스가 온라인 교육으로 바뀌면서 전 세계가 온라인 강의로 연결되고 캠퍼스 없는 글로벌 대학이 확산되고 있다. 1846년 설립된 미국 일리노이 소재의 맥머레이 대학MacMurray College은 2020년 5월에 폐교했다〈그림 28〉참조. 향후 전 세계에서 온라인 강의가 늘면 문 닫는 대학들이 속출할 것이다. 이미 캠퍼스 없는 '미네르바 스쿨'이 설립되어 전 세계의 우수인재들이 모여드는 글로벌 대학으로 자리매김해 가고 있다http:// ilyo.co.kr/?ac=article_view&entry_id=372583. 앞으로는 온라인 교육 경쟁력이 대학의 사활을 좌우할 날도 멀지 않았다. 게다가 우리나라는 고등학교를 졸업하는 학령인구의 감소로 고교졸업생보다도 대학교 정원이 많은 구조가 됨으로써 대학은 근본적인 구조개혁이 불가피한 상황에 직면해 있다.

★ MOOC는 'Massive Open Online Cource'를, KMOOC는 'Korea-Massive Open Online Cource'를 의미한다.

〈그림 28〉 2020년 5월 폐교된 맥머레이 대학

출처: springfieldbusinessjournal.com/2020/03/27

○ **졸업증서의 종말**

이번 코로나19사태에서 온라인 수업 시 선생님들은 학생들의 출결점검이 관건이었다. 왜냐하면 현재는 출석일수가 3분의 2 이상이어야 졸업이 가능하고 졸업증서가 주어진다. 즉 출석 여부가 확인되어야 교육과정을 수료할 수 있기 때문이다. 그렇다면 앞으로도 과연 졸업장이 중요할까? 졸업장보다는 학업에 대한 역량과 성취도가 중요하다. 어느 학교의 졸업장이 아니라 성취도 중심의 검증고시, 분야나 과목별로 수강하고 통과Pass 또는 실패Fail, 상·중·하 등의 등급을 부여하는 등 역량중심의 평가가 대세가 될 날도 멀지 않았다.

왜냐하면 이미 채용시장에는 학벌·나이·성별 불문의 블라인드

채용이 보편화되고 있어 졸업장의 중요성이 낮아지는 추세이다. 앞으로는 고교학점제 등 교육 정책이 바뀔 것이고, 2025년부터는 고등학교에서도 대학과 같이 학점제로 학업 성취도를 평가할 것이다조선일보, 2021.2.18.. 이는 졸업장보다는 개인이 지닌 역량이 중요해질 것임을 시사한다.

5. STEP Ⅲ-2 : 경제 Economy 의 변화

○ 경제패러다임의 변화

앞으로는 경제패러다임도 변모할 것이다. 지금까지 경제지표의
핵심은 바로 소득지수 Income Index 였다. 즉 GNP, GDP, 1인당 소득수
준이 바로미터였다. 이제는 소득수준보다는 행복지수 Happiness Index
나 만족지수 Satisfaction Index 가 한층 중요해질 것이다. 즉 소득의 규모
가 중요한 것이 아니라 만족스럽고 행복한 삶을 추구하고자 할 것이
다. 맹목적으로 소득을 올리려 하기보다는 삶의 본질적인 의미를 추
구하는 경향으로 나아갈 것이다.

'2020 세계행복보고서'에 의하면 153개 국가 중 대한민국의 행
복지수는 61위에 해당하여 세계무역 10대국의 위상에는 걸맞지 않
는 것으로 나타나고 있다〈표 9〉 참조. 코로나19 바이러스란 놈은 빈부,
세대, 남녀를 불문하고 무차별적으로 공격을 하니 피할 방법이 없
다. 코로나19로 기성세대든 Z세대든 MZ세대든 일상의 소중함을

절실히 깨닫게 되었으니 이제는 행복한 삶을 추구하는 경향이 더 강해질 것이다.

〈표 9〉 세계 주요국 행복지수

순위	국가	행복지수	순위	국가	행복지수
1	핀란드	7.809	17	독일	7.076
2	덴마크	7.646	18	미국	6.94
3	스위스	7.56	19	체코	6.911
4	아이슬란드	7.504	20	벨기에	6.864
5	노르웨이	7.488	21	아랍에미리트	6.791
6	네덜란드	7.449	22	몰타	6.773
7	스웨덴	7.353	23	프랑스	6.664
8	뉴질랜드	7.3	24	멕시코	6.465
9	오스트리아	7.294	25	대만	6.455
10	룩셈부르크	7.238	26	우루과이	6.44
11	캐나다	7.232	27	사우디아라비아	6.406
12	호주	7.223	28	스페인	6.401
13	영국	7.165	29	과테말라	6.399
14	이스라엘	7.129	30	이탈리아	6.387
15	코스타리카	7.121	⋮		
16	아일랜드	7.094	61	대한민국	5.872

출처: 2020 세계행복보고서

○ **직업**일자리 **트레이드 오프** Job Trade—of **시스템**

직업일자리 트레이드 오프 Job Trade—off 시스템은 일시적으로 노동불

균형 문제가 발생하면 한시적으로 일자리를 트레이드 오프 Trade-off 하는 시스템이다. 예를 들면 이번에 '코로나19'사태가 발생하자 불황업종이 다수 생기긴 했지만 다른 한편에서는 호황업종도 생겼다. 이 경우 불황업종의 근로자가 호황업종으로 노동력을 제공할 수 있게 함으로써 한쪽 불황업종 에서는 한시적 실업문제를 극복하고 다른 한쪽 호황업종 에서는 일시적인 일손부족 문제를 해결할 수 있었다.

'코로나19'사태와 같은 위기상황에서 불황업종군의 근로자가 호황업종군으로 일시적으로 노동력을 공급함으로써 일시적인 인력시장의 불균형 문제를 극복할 수 있을 것이다. 일례로 코로나19가 발생하자 관광산업이 곤두박질치고 여행이나 호텔산업이 위기상황에 봉착하였다. 그래서 워커힐호텔의 카지노 무급휴직자들은 활황업종인 '배달의 민족'으로 파견 가는 현상도 나타났다.

최근 일본에서는 코로나19로 경영이 악화된 항공사 전일본공수 ANA: All Nippon Airways 와 일본항공 JAL: Japan Air Lines 이 직원 약 300명을 당분간 활황업종인 전자제품 판매 대리점 '노지마' 대리점에서 일하게 하였다. 항공사와 고용계약은 그대로 유지한 채 '노지마' 대리점으로 잠시 파견을 가는 식이다. 일주일 동안 연수를 받은 뒤 바로 영업점으로 투입되었다. 급여는 '노지마'가 지불하지만 항공사에서 받던 급여의 부족분은 항공사에서 부담하는 형태이다 한겨레 2020.12.2. . 앞으로는 이와 유사한 형태의 고용이 활성화될 가능성이 매우 높다.

이는 모두에게 포지티브 섬 positive sum 이 될 것이다. 더불어 이에 부응한 제도적 뒷받침이 강구되어야 한다. 이와 관련된 창업 플랫폼을 구축하면 새로운 일자리를 만들 수 있을 것이다.

○ 한시적인 이익공유시스템의 구축과 공유시스템의 진화

위기상황은 사전에 예고하고 오는 것이 아니라 어느 순간 갑자기 들이닥친다. 미처 준비할 여유를 주지 않는다. 이번 코로나19로 인하여 경기가 악화되고 전 국민이 지쳐 있다. 위기가 닥치면 엄청난 고통과 희생이 따르겠지만 그 반대로 위기가 기회일 수도 있다. '한시적인 이익공유시스템'은 위기 발생 이후에 특별한 혜택이나 이익을 창출한 기업이나 집단이 그 이익의 일정부분을 위기를 겪은 업종이나 집단에 지원하는 방안이다. 이를 위해서는 사전에 제도적인 기반을 마련할 필요가 있다. 위기 시에는 고통을 분담하는 차원에서 협조를 구하기가 용이할 것이다.

이는 지금 정치권에서 논의되고 있는 이익공유제와는 근본적으로 성격이 다르다. 이익공유제는 기업 등이 평상시에 이익이 발생할 경우에 이익의 일정부분을 공유하도록 하는 것이다. 이것은 자유시장경제체제에서 기업의 활동을 위축시킬 뿐만 아니라 국가경쟁력을 높이는 데도 걸림돌로 작용할 여지가 크다. 이익공유제와 유사한 성격의 협력이익공유법, 손실보상법, 사회연대기금법, 재난연대목적세 등도 자유시장경제체제를 저해하는 요소가 내포되어 있어 곤란하다.

'한시적인 이익공유시스템'은 위기 또는 비상시에 제한적이며 한시적으로만 작동하도록 해야 한다. 이는 자본주의의 근간을 유지하면서 일시적인 위기를 극복하는 기재로 작용할 것이다.

더불어 코로나19를 계기로 기존의 공유시스템도 변화할 것이다. 지금까지는 공유시스템이 지니고 있는 장점들이 잘 발현되지 않아서 활성화되지 못했다. 만약 공유시스템이 조직단위나 집단단위 등으로 진화된다면 훨씬 활성화될 수 있다. 예를 들면 일반적으로 적용되는 '차량공유시스템'이 조직이나 직장을 단위로 한 '직원공유차량시스템'으로 진화된다면 훨씬 활성화될 것이다.

○ 일하는 방식의 변화

앞으로는 일하는 방식도 현재와 같은 정형화된 시스템Fixed Working System에서 유연하고 탄력적인 시스템 Flexible Working System 으로 변모할 것이다. 점차 유연근무와 재택근무가 일반화되고 계약제, 시간선택제 등 다양한 형태가 보편화될 것이다. 또한 앞으로는 하나의 일자리 또는 직업 one job 시스템에서 복수의 직업 two or three jobs 시스템이 일반화될 것이다.

향후 4도都 3촌村 시대가 도래하면 주중에는 도시에서, 주말에는 농촌에서 1인 2직업 형태로 일할 뿐만 아니라 성수기에 따라 업종을 바꾸기도 하는 직업 스위치 시스템 Job Switch System 도 필요할 것이다. 일례로 여름성수기 업종인 빙과류 업종과 겨울성수기 업종인 난방기기 업종이 인력과 직업을 서로 매칭하여 두 직업을 공유할 수도 있다.

○ 소비자 주도적인 엔터테인먼트 Entertainment

한편 엔터테인먼트Entertainment분야에서도 많은 변화가 예측된다. 코로나19를 계기로 공급자 주도형에서 소비자 주도형으로 급속도로 재편되고 있다. 예를 들면 기존의 TV는 공중파 중심의 공급자 주도형 일반 TV였으나 이제 유튜브, 넷플릭스, 모바일 TV 등 온라인 중심의 소비자 주도형으로 바뀌어가고 있다. 이미 우리나라에서 기존 공중파 TV의 시청률은 18%, 공중파를 포함하는 일반 TV 시청률은 27%에 불과한 실정이다. 많은 시청자들이 유튜브나 모바일 TV 등으로 옮겨가고 있으며, E-스포츠도 점차 활성화되고 있다 http://www.hani.co.kr/arti/sports/sports_general/ 941096.html . 영화관 상영 중심의 영화산업도 인터넷 영상제공서비스_{OTT}로 변모하여 넷플릭스가 최강자로 부상하고 있다. 코로나19는 공연문화도 온라인 콘서트로 바꾸고 있다. 일례로 2021년 1월 31일 블랙핑크는 90분 온라인 콘서트 The Show 로 약 118억 원의 매출을 올렸고, 2020년 방탄소년단 BTS 도 온라인 콘서트로 500억 원 이상의 매출을 기록하였다 한국경제,

2021.2.2. .

한국사회는 90년대 생이 몰려오고 있다. 『90년생이 온다』의 저자 임홍택은 90년대생은 심플_{간단}하고, 재미를 추구하며, 정직하다고 말한다. 90년대생은 Z세대, MZ세대로 진화하고 있다. Z세대는 1990년대 후반에서 밀레니엄인 2000년 이후 출생자를 지칭한다. MZ세대는 밀레니엄 이후에 태어났는데 어려서부터 스마트폰과 함께 자라났다. 이들 세대는 개방적이고 디지털 기술에 익숙하며, 세계화현상을 보고 체험한 세대이기도 하다. 이들은 엔터테인먼트 Entertainment 부문에 있어서도 공급자 주도형에서 소비자 주도형으로 전환하는 데 주도적인 역할을 하고 있다. 코로나19사태 이후 엔터테인먼트산업이 소비자 주도형으로 변화하고 있다.

6. STEP IV-1 :
공중보건Public Health의 변화

○ **가외성 보건의료시스템**
  Redundancy Public Health System

'코로나19'를 계기로 대한민국의 공중보건Public Health 시스템이 재조명되고 있다. 갑자기 등장한 '코로나19'로 인하여 전 세계가 홍역을 치르고 있지만, 대한민국은 여느 선진국보다 코로나에 모범적으로 대응하여, 경쟁력 있는 시스템으로 인정받고 있다.

의료서비스 공급체제는 크게 두 가지로 나눌 수 있다. 공공이 주도하는 유형과 민간이 주도하는 유형으로 나뉜다. 공공주도형의 대표적인 국가는 영국100%, 아이슬란드100%, 캐나다99% 등이다. 반면에 스위스100%, 네덜란드100%, 한국94% 등은 민간주도형이다고길곤·김범, "한국의 코로나19 대응평가에 대한 비판적 검토: 이슈의 변화와 경험적 근거 분석을 중심으로", 행정논총. 서울대학교 한국행정연구소, 2020. 12: 15. 즉 한국은 민간주도형에 해당한다고 볼 수 있다.

한국의 병원은 병상수를 기준으로 할 경우 〈표 9〉처럼 국공립병원의 비중이 11.4%이다. 기관수를 기준으로 할 경우에는 6.1%에 불과한 실정이다_{정형선. 온라인 특강 및 "한국의 보건의료제도와 중앙 및 지방정부의 역할",} _{똑! 똑! 코로나19?, SRI: 2020: 76.} 그런데 코로나19 사태에 직면하여서는 민간주도형이든 공공주도형이든 허점을 노출하였다. 반면에 한국은 코로나19사태에 선방한 국가에 해당하는데, 바로 가외성 보건의료시스템이 크게 기여했기 때문이다.

〈표 9〉 한국의 공공과 민간 병의원의 수

	공공	민간
기관수	3,636(6.1%)	55,682(93.9%)
병상수	55,714(11.4%)	431,676(88.6%)

출처 : 정형선, "한국의 보건의료제도와 중앙 및 지방정부의 역할"(시민자치대학 온라인강의, SRI, 2020)에서 재활용함.

다시 말하면 한국은 공공이 갖고 있는 11.4%의 병상수와 6.1%의 공공의료기관들이 코로나19라는 위기에 직면하여 선제적으로 대응하는 데 큰 역할을 수행하였다. 거의 100% 한 방향_{민간주도형이든} _{공공주도형이든}으로 지나치게 치우친 선진국들의 보건의료시스템은 이번 코로나19를 계기로 심각한 문제점이 있다는 것이 밝혀졌다.

반면에 한국은 비록 민간주도형이긴 하지만 약 10% 전후의 가외적인 공공의료서비스가 코로나19라는 위기를 극복하는 데 지대한 역할을 하였다. 그래서 필자는 이를 가외성 보건의료시스템 Redundancy Public Health System이라고 명명한 것이다. 이 시스템은 의료서비스에 빨간불이 켜졌을 때 소방수 역할을 하는 셈이다.

대부분의 선진국들은 의료진이나 장비가 필요수요에 맞게 공급되는 'Just in Time' 방식이다. 즉 'Just in TimePublic Health System'인데, 이는 위기상황에서 갑자기 의료수요가 증가할 경우 대응력이 한계에 봉착할 수밖에 없다. 이번 코로나사태로 인하여 선진국들의 공공의료시스템은 그 민낯을 드러내게 되었다.

'Just in Time' 방식에 대비되는 것이 가외성 보건의료시스템이다. 이 시스템은 'Just in Time' 방식보다는 공공의료의 중요성을 강조하고 일정부분 민간의료부문에서 커버하기 어려운 영역을 선제적으로 챙기고 능동적으로 관리할 수 있는 장점이 있다. 가외성 보건의료시스템은 공공의료부문이 평상시에는 시민들의 의료복지에 중점을 두지만 위기상황이 발생할 때에는 대응력을 높일 수 있는 시스템이라고 볼 수 있다.

부연 설명하면 한국의 의료체계는 크게 민간의료부문과 공공의료부문으로 구분할 수 있다. 전자는 영리활동이 기본인 'Just in Time' 방식이다. 반면에 후자는 질병관리청을 비롯한 광역 및 기초자치단체의 공익적인 병원 및 보건소 등이 해당된다. 한국의 의료시장은 거의 대부분94%이 민간부문이지만 약 6% 정도의 공공의료부문도 병존하는 형태이다.

이번 코로나19사태에서 공공의료부문의 헌신하에 민간의료부문이 원활히 협조했기 때문에 코로나19라는 난제를 만나 슬기롭게 대처하는 지혜를 발휘하였다. 약 6%의 공공의료부문이 코로나19를 초동진압하는 특급 소방수 역할을 충실히 한 셈이다. 보건소를 예로 들면 평상시에는 지역주민들을 위한 의료복지를 주업무로 하지만 전염병과 같은 위기 발생 시에는 방역의 첨병역할을 수행한다.

'코로나19'사태를 겪으면서 필자가 새로 명명한 가외성 보건의료시스템Redundancy Public Health System은 의료분야에 있어서 불이 나면 출동하는 소방서와 같은 역할을 하는 시스템이라고 할 수 있다. 지금까지 우리는 막연히 서구의 의료시스템이 우리보다 앞서 있다고 생각했다. 물론 여러 가지 복합적인 요소가 얽혀 있겠지만, 막상 이번 '코로나19'사태에 대응하는 모습을 지켜보면서 우리가 보다 비교우위에 있음을 확인할 수 있었다.

○ 코로나19가 종식되더라도 마스크가 필요하다고?

코로나19를 접하면서 마스크쓰기에 대한 인식이 서구 선진국들과 동양국가들이 사뭇 다른 양상이 전개되었다. 서양은 마스크쓰기에 대한 거부감이 강한 반면에 동양은 그렇지 않은 경향이었다. 특히 미국의 트럼프 대통령은 노골적으로 마스크쓰기를 거부하고 선동(?)까지 하기도 하였다. 이번 코로나19사태를 접하면서 서양국가들은 마스크쓰기를 소홀히 하다가 코로나19에 따른 피해가 더욱 커지게 되었다.

필자는 매년 초가을 문턱에 들어서면 꽃가루 알레르기로 한동안 고생을 한다. 그런데 지난 가을은 꽃가루 알레르기에 시달리지 않고 넘어갔다. 곰곰이 생각해 보니 꽃가루 알레르기도 '마스크가 답'임을 일깨워 주었다고나 할까. 이제 매년 봄과 가을마다 시달리는 꽃가루 알레르기도 마스크만 쓰면 무사히 이겨낼 수 있음을 확인하는 계기가 되었다. 또한 지난겨울에 독감환자가 급감하였다는데 마스크의 역할이 얼마나 중요한지 일깨워 주고 있다. 바이러스란 창에는 마스크란 방패가 최상의 무기임을 확인하였다.

참고로 독감환자 발생추이를 살펴보면 〈그림 29〉에서 빨간색으로 표시된 부분이 2020년에서 2021년까지 발생한 독감환자 발생추이인데, 거의 제로$_0$ 수준으로 수렴되고 있다. 즉 2020년 44주차에서 48주차까지 6주 평균 2~3명이 발생하였다. 하지만 같은 기간 코로나19 발생 전에 독감환자 발생현황은 2019년 약 50명, 2018년 72명, 2017년 73명으로 코로나19가 발생하기 전이 압도적으로 높은 수치를 보이고 있다. 그러니 코로나19가 종식되더라도 독감은 물론 황사와 미세먼지 등으로부터 우리 자신을 보호하기 위해 마스크를 쓰는 것이 좋을 것이다.

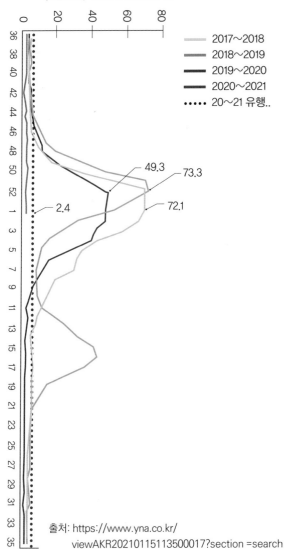

〈그림 29〉 독감환자 발생추이

인플루엔자
환자(명)

2017~2018
2018~2019
2019~2020
2020~2021
•••• 20~21 유행..

49.3   73.3

2.4   72.1

출처: https://www.yna.co.kr/
viewAKR20210115113500017?section =search

7. STEP Ⅳ-2 : 정치Politics 의 변화

○ **지역주의화**

　정치적으로는 이번 '코로나19' 위기로 인해 탈세계화, 지역주의화, 국수주의가 강해지는 경향을 보이고 있다. 지나친 비약일 수도 있지만 미국의 싱크탱크 유라시아그룹의 회장인 이안 브레머Ian Bremmer는 기존의 G20, G7, G2 등이 세계의 중추역할을 해왔으나 앞으로는 글로벌 시대에 중심이 되는 국가가 없는 'G0 G-Zero' 시대가 도래할 것으로 예측하고 있다 통일시대, 2020.5. p.15 한 가지 분명한 것은 코로나19를 계기로 지구촌의 지역주의화 경향이 한층 강해질 것이다.

　유럽의 EU가 균열 조짐을 보이고 있다. 이미 영국은 브렉시트 Brexit 상태이며, 코로나사태로 인한 지원문제와 관련하여 EU 내에서도 5천억 유로약 670조 원의 경제위기 극복을 위한 지원금을 두고 대출 형태의 지원을 원하는 스웨덴, 네덜란드, 덴마크, 오스트리아 등이 중심이 되는 북유럽과 보조금 형태의 지원을 원하는 스페인, 이 탈리아를 중심으로 한 남유럽이 서로 대립하는 양상이다. 따라서 앞으로 국수주의의 경향이 강해질 것 같다 http://www.hani.co.kr/arti/interna tional/international_general/945725.html . 시간이 흐르면 점차 양자 간에 합의점 을 모색하기는 하겠지만 긴장과 갈등이 잠복된 상태로 지속될 것이 다. 지금도 코로나19를 극복하기 위해 세계 각국들은 백신을 확보 하려고 보이지 않는 전쟁을 벌이고 있다.

○ 글로벌 밸류체인Value Chain

또한 글로벌 밸류체인Value Chain도 변화가 불가피할 것이다. 그동 안 중국은 세계의 공장역할을 수행하여 왔다. 코로나사태로 인하 여 중국 국경이 봉쇄되자 세계무역질서가 와해되기도 하였다. 효율 과 이윤극대화를 지향해 온 세계무역질서가 자국 중심으로 가치사 슬밸류체인이 변화하고 재편될 것이다. 즉 지구촌 이윤극대화Global Profit Maximization'시스템에서 '부분이윤극대화Partial Profit Maximization 또는 Profit Sub- Maximization' 형태로 변화할 것이다. 이는 지역주의화로 나아가는 동인 이기도 하다.

8. 코로나19가 남긴 소중한 유산

고생 끝에 낙이 온다고 했던가?
코로나는 불행만 남긴 것은 아니다.
예기치 않은 행복도 따라오니 말이다!

○ 코로나19의 역설

'코로나19'는 환경파괴와 밀접한 관련이 있다. 코로나19는 예기치 않게도 희망의 메시지를 우리에게 건네고 있기도 하다. 이른바 '코로나19의 역설'이다. 그동안 지구촌의 무분별한 개발, 산림자원의 훼손과 온난화 등 기후문제에 대한 경각심을 지속적으로 제기해오기는 하였지만 적극적으로 나서서 대책을 강구하지는 못했다. 그로 인해 기후변화로 동물들의 서식지가 파괴되었고, 박쥐의 서식지도 점차 감소하면서 자연 속에 있던 박쥐가 인간의 거주공간에까지 접근하면서 인간에게 치명적인 바이러스가 퍼지게 되었다〈그림 30〉 참조. 인간은 박쥐가 사람들에게 바이러스를 전파한다고 생각하고 있지만 사실은 정반대이다. 인간이 박쥐의 서식지를 파괴했기 때문에 그런 것이다. 이러한 사실을 망각한 채 인간들이 환경파괴행위를 계속한다면 앞으로 제2, 제3의 코로나19가 언제든지 급습할 수 있을 것이다.

〈그림 30〉 환경 파괴와 바이러스 전파 양상

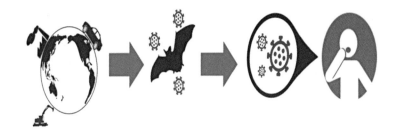

역설적이게도 '코로나19'는 지구촌이 망가져 가는 모습을 생생하게 각인시켜 주었다. 미항공우주국NASA의 위성사진에 의하면 코로나19 전·후 지구촌의 모습은 극과 극으로 나타나고 있다. 〈그림 31〉처럼 '코로나19'가 시작되기 전의 위성사진은 중국 및 유럽 주변부가 온통 붉거나 노란색으로 나타났는데, 지구온난화와 황사, 미세먼지 등으로 숨 막히는 지구의 모습을 보여주고 있다. 반면에 '코로나19' 이후 사진에는 붉거나 노란색 부분이 거의 보이지 않을 정

도로 깨끗한 모습이다. 즉 숨통 트이는 지구를 확인할 수 있다. 결국 지구에 사는 우리의 활동으로 인해 지구가 망가질 수도, 좋아질 수도 있음을 생생하게 보여주고 있다.

〈그림 31〉 코로나19를 통해 나타난 지구의 변화 모습

<숨 막히는 지구>　　　　　<숨통 트이는 지구>

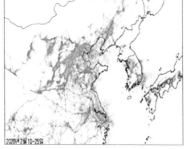

출처: 미항공우주국(NASA), 2020.4.22.

○ 위기가 기회

지금까지 '코로나19' 이전과 이후의 패러다임의 변화를 중심으로 살펴보았다. 패러다임의 변화를 위해서는 새로운 제도를 도입해야 하고 법규 등의 제·개정이 불가피할 것이다. 이로 인해 규제준수집단과 규제혁파집단 간에 적지 않은 마찰과 갈등이 발생할 듯싶다. 양자가 어떻게 슬기롭게 문제를 해결할 것인가가 관건이다.

예기치 않게 우리를 급습한 코로나19는 우리에게 적지 않은 교훈과 유산을 남겨주고 있다. 포스트코로나를 어떻게 준비하고 대비할 것인가가 관건이다. 앞으로 우리는 어떻게 해야 할 것인가를 고민해 보아야 한다. 바로 공생共生의 가치를 실현해야 한다. 자연과 인간, 동물과 인간, 인간과 인간이 공생하는 가치를 필수적으로 추구해야 한다. 나뿐만 아니라 모두가 더불어 잘살 수 있어야 나의 소득과 행복도 보장될 것이니 말이다.

한국인에게는 독특한 DNA가 존재한다. 즉 공감DNA가 잠재되어 있다. 이와 더불어 감성DNA, 행복DNA, 문화DNA가 충만하고 특히 문화DNA는 BTS 등 세계적인 그룹을 탄생시킨 바탕이 되고 있다. 이번 '코로나19'사태에서 우리는 마스크쓰기와 사회적 거리두기 등에 적극적으로 동참했다. 나뿐만 아니라 공동체를 생각하는 마음에서 그런 것이다. 우리에게 공동체의식, 즉 공감DNA가 충만하다는 것을 깨달을 수 있었다.

이번 '코로나19'사태를 계기로 우리나라는 선도자First Mover로 나아가는 기회를 얻은 셈이다. 우리가 가진 개방성, 투명성, 민주성을 융복합하여 글로벌 무대에서 우리만의 코리안 스타일K-Style 을 창출해야 한다. 즉 이제는 K-팬덤으로 묶어 진화시키도록 해야 한다. 앞으로 지구촌은 사람과 동물, 식물이 모두 더불어 사는 공동체가 되어야 한다. 개발중심, 자연학대 훼손 에서 벗어나 자연존중의 가치를 추구하는 공동체를 함께 만들어가야 한다. 이를 위해 시민과 시민단체, 공공부문과 민간부문, 중앙정부와 지방정부가 다 함께 합심·협력하여야 한다. 이것이 바로 선진국 중에서도 1등 선진국이 되는 길이다.

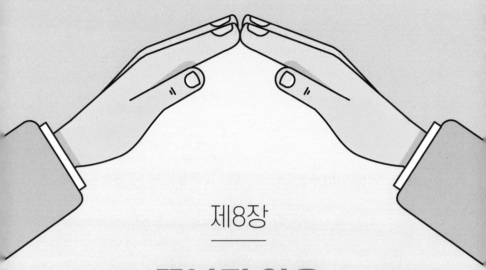

제8장

끝나지 않은
코로나 전쟁에서 이기기 위해

1. 코로나19와 끝나지 않은 전쟁, 지구촌은 백신전쟁 중

모두가 하루빨리
일상으로 돌아가기를 간절히 바라는데
코로나19란 놈은
쉬이 물러나지 않으니…
도대체 언제
이 지겨운 전쟁이 끝날까?

2019년 중국 우한에서 처음 확인된 코로나19는 2020년이 지나면 어느 정도 잠재워질 것이라는 기대를 가졌다. 그러나 해가 바뀌어 2021년이 도래하였지만 도무지 이 사태가 언제 진정될지 오리무중이다. 백신이 개발되고 이제 백신 접종이 시작되기는 하였지만 언제 코로나19를 예방할 수 있는 집단면역이 형성될지는 미지수다. 지금도 지구촌에서는 백신 확보를 위한 국가 간의 보이지 않는 전쟁이 치열하게 전개되고 있다. 지구촌의 모든 국가가 집단면역을 형성하여야 어느 정도 안심할 수는 있지만 그러기에는 여전히 가야 할 길이 멀기만 할 것 같다.

지구촌의 모든 국가가 집단면역이 형성하는 날이 오더라도 방심은 금물이다. 세계화, 지구화 시대에 내가, 우리가, 우리 국가가, 지구촌의 모든 사람들이 집단면역을 형성했다고 해도 안심할 수 없다. 세계에서 코로나19의 변종바이러스가 지속적으로 또 다른 변이를 일으켜 새로운 양상으로 전개되고, 백신개발은 이를 뒤따라가면서 쫓아가는 형국이니, 힘든 전투를 벌이고 있다.

메디컬 투데이 기사에 의하면, 기존 바이러스에 대해 개발된 백신들의 예방 효과가 변종 바이러스에서는 감소한다는 연구 결과가 나왔다. 옥스퍼드 대학 연구진이 진행한 연구에서, 기존 백신들이 브라질 변종 코로나바이러스에는 어느 정도 효과를 보이지만 남아프리카발 변종 바이러스에 대해서는 효과가 떨어진다는 사실이 드러났다http://www.mdtoday.co.kr/mdtoday/index.html?no=416463.

하지만 백신 접종은 안 하는 것보다 하는 것이 낫다. 백신을 접종하면 확진자수를 획기적으로 줄일 수 있고, 집단면역이 형성되면 새로운 변종 바이러스들도 어느 정도 예방할 수 있기 때문이다. 다행히 지금 이 순간에도 지구촌의 과학자들이 보다 개선된 새로운 백신들을 개발하고 있다.

14세기의 흑사병도 1918년의 스페인 독감도 종국에는 자취를

감출 수밖에 없었다. 마찬가지로 언젠가는 코로나19도 종말을 고하겠지만 하루빨리 그날이 왔으면 한다. 코로나19를 극복하기 위한 백신개발전쟁에서 여전히 미국, 영국, 독일 등 기존 선진국들은 우리나라보다는 앞서 나아가고 있다. 우리나라는 아직도 백신개발보다는 치료제개발 수준에 머무르고 있는데, 선진국 수준의 백신개발 능력을 확보해야 하는 과제가 남아 있다.

지금 전 세계는 백신을 확보하기 위한 전쟁을 벌이고 있는데, 우리나라도 이 전쟁에 심혈을 기울이고 있다. 코로나19사태가 발생하자 그에 대응하는 K-방역은 세계의 찬사를 받았지만, 백신개발에 있어서는 선진국에 비해 뒤처진 실정이다. 기존 선진국들이 백신개발의 소식을 속속 들려주고 있는데, 아직 우리는 엄두를 내지 못하고 있으니 우리의 의지와 무관하게 코로나19 백신의 확보 및 도입에 있어서만큼은 의존적일 수밖에 없다.

그러다 보니 백신과 관련한 계획이 자주 바뀌는 등 혼선이 적지 않은데 이런 모습들이 바로 우리의 현주소가 아닐까 생각된다. 우리는 K-방역의 장점은 적극 살려 나가되 부족하거나 미흡한 부분은 해결해 나아가야 할 것이다. 〈표 10〉은 지금까지 세계 주요 국가들의 백신 접종실태를 보여주고 있는데, 한국은 다른 국가보다는 접종을 늦게 시작한 편이다. 영국이나 미국을 비롯한 선진국들은 2020년 12월부터 백신접종을 시작했는데 우리나라는 2021년 2월부터 겨우 접종을 시작하였다. 만약 K-방역에 도취되어 우리의 현주소를 망각하고 간과한다면 K-방역도 한순간의 꿈으로 전락할지도 모를 일이다.

〈표 10〉 세계 주요 국가들의 백신 접종 현황

국가	날짜	백신종류	비고
러시아	2020년 12월 5일	스푸트니크V(자체 개발)	
영국	2020년 12월 8일	화이자, 바이오엔테크	
미국	2020년 12월 14일	화이자, 바이오엔테크	
캐나다	2020년 12월 14일	화이자, 바이오엔테크	
아랍에미리트	2020년 12월 15일	시노팜	
이스라엘	2020년 12월 19일	화이자, 바이오엔테크	베냐민 네타냐후 총리 접종
미국	2020년 12월 21일	모더나	조 바이든 대통령 당선인 부부 접종
EU	2020년 12월 27일	화이자, 바이오엔테크	

출처: http://www.munhwa.com/news/view.html?
no=2020122201030403311001

2. 지구촌은 전쟁의 역사, 이제부터는 바이러스와의 전쟁

세계의 역사는 전쟁의 역사이다. 유사 이래 전쟁으로 점철되어 왔고, 지금도 팽팽한 긴장감이 감도는 곳이 있다. 하지만 기존의 뺏고 뺏기는 재래식 전투는 점차 사라져가고 있다. 그런데 또 다른 양상의 전쟁을 벌이고 있다. 이른바 보이는 전쟁Traditional War에서 보이지 않는 전쟁 Bio-War 을 벌이고 있는데, 바로 바이러스와의 전쟁을 벌이고 있다. 스페인 독감도 제1차 세계대전을 기제로 유럽 전역을 공포의 도가니로 만들었다. 이번 코로나19로 인하여 무적함대의 상징인 미국 루즈벨트함이 무기력하게 운항도 할 수 없는 상황에 직면하였다.

이제 지구촌은 코로나19라는 강력한 적과 보이지 않는 전쟁을 벌이고 있다. 유럽에서만 전쟁을 벌였던 제1차 세계대전과 달리 이 전쟁의 전쟁터는 전 세계이다. 그리고 우리가 맞서 싸워야 할 코로나19라는 적은 눈에는 보이지 않는 바이러스다. 이제는 전쟁의 양상이 바뀌어 버렸다. 이제는 사람과 사람 간의 눈에 보이는 전쟁이 아니라 보이지 않는 바이러스와 맞서 싸워야 한다. 인간들이 개발만능주의에 빠져 지구촌을 개발해 바이러스 창궐기반이 강화되고 발생주기도 빨라지고 있다. 바야흐로 지구촌은 바이러스와의 전쟁으로 내몰리고 있다.

지구촌이 날로 더워지고 있음은 코로나19를 통해서 명확하게 확인되었다. 지금과 같이 지구촌에서 온난화가 지속된다면 온도상승은 불가피할 것이다. 이로 인해 남극과 북극의 빙하가 녹기 시작해 지구가 형성된 이래 동면 중인 바이러스가 창궐하게 된다면 또 다른 재앙이 닥칠 우려가 커질 것이다. 만약 지구의 온도가 지금보다 5도 상승한다면 가뭄이 심해지고 한국과 일본, 동남아시아도 건조기후 지역에 편입될 것이다. 바닷물이 따뜻해지면서 거대한 파도를 동반한 쓰나미가 발생하고, 식량과 물을 확보하려는 전쟁이 발생할 것이다. 또 지금보다 온도가 6도 상승한다면 기후변화에 적응하지 못한 동물이 죽어가며 시체가 썩으면서 유독한 황화수소가 발생할 것이다. 오존층은 완전히 파괴되고 자외선의 양이 크게 증가해 생명체들이 대멸종할 것이다.

코로나19는 인간이 겁 없이 자연환경과 동식물의 서식지를 파괴해 지구온난화를 초래한 데 따르는 재앙의 예고편인 듯하다. 비유하자면 인간이 잠자고 있는 호랑이를 겁도 없이 건드리다가 파멸로 이어지는 현상이랄까.

이제 인류는 바이러스의 발생기반을 제어하고, 바이러스와 싸워 이기는 방안을 강구해야 한다. 그래야 나뿐만 아니라 우리 모두가 함께 살아남을 수 있을 것이다. 우리 모두가 더불어 상생하고 공존하기 위해서는 바이러스와 싸워 이기는 지혜를 모아야만 한다. 어찌 보면 인간이 바이러스와 싸워서 이기는 것이 아니라 바이러스가 서식할 환경을 보호하고 지켜주는 것이 우리 인간이 사는 길이 아닐까? 이제 지구촌의 온 가족이 지구온난화문제를 해결하는 데 적극적으로 동참해야만 하는 까닭이기도 하다.

3. 포스트코로나 시대의 정치

코로나19 발생 초기에 의료계에 종사하는 전문가들도, 전염병관리를 책임져야 할 행정당국도, 일반시민들도, 미지의 코로나 바이러스 때문에 우왕좌왕할 수밖에 없었다. 하지만 지구촌 선진국들에 비하여 비교적 우리나라는 발생 초기에 혼란을 조속히 수습할 수 있었다. 이는 전문가들과 행정당국 그리고 시민들의 협력체계, 이른바 굿 거버넌스good governance의 결과물이라 생각된다. 즉 다양한 관계집단들이 협력적 네트워크, 네트워크 거버넌스를 이루었기에 가능했다.

흔히 위기는 기회라고 한다. 그동안 대한민국의 역사는 위기로 점철되어 왔으며, 위기 때마다 슬기롭게 위기를 극복하는 지혜를 발휘해 왔다. 1997년 IMF의 위기, 2015년 메르스사태의 위기도 국가발전을 위한 동력으로 전환시켰다. 코로나19의 위기도 K-방역 등으로 슬기롭게 헤쳐 나가고 있다.

정부는 노젓기rowing보다는 조정자 steering 역할을 수행하는 데 최선을 다해야 한다. 정부가 주도자가 되어 노젓기를 하면 할수록 굿 거버넌스 good governance 는 배드 거버넌스 bad governance 로 전락하고 관계 집단들의 협력은 한계에 봉착할 수밖에 없다. 코로나19를 극복하기 위한 K-방역에는 나와 너가 따로 존재할 수 없고, 우리 모두가 함께 해야만 이 난국을 극복할 수 있다.

굿 거버넌스에는 상·하관계, 상명하달식체계, 복종관계가 아니라 상호소통과 협력, 설득과 공감이 자리해야 한다. 코로나19라는 난제를 순조로이 해결하기 위해 정부와 우리 모두는 주어진 조정자 steering 역할에 최선을 다하도록 해야 한다. 정보를 수집 및 관리하는 정부당국도 시민들과의 정보격차를 유발해서는 안 된다. 특히 여·야를 막론하고 정치인들이 K-방역에 대해 아전인수식으로 말한다면, K-방역의 본모습과 품격을 떨어뜨릴 수밖에 없음을 명심해야 한다.

그런데 최근에 이르러 K-방역의 본질을 호도 또는 폄훼하거나 정치 방역화하는 등의 불협화음이 제기되고 있다. 특정집단, 특정지역, 특정계층 등에 대해 지나치게 비판적으로 바라보면 문제해결에 도움이 되기보다는 문제를 악화시킬 수 있다.

잘 차려진 밥상에 늦게 나타나 숟가락을 놓는 자가 있다면 조화로울 수가 없다. 최근 K-방역을 두고 정치권에서 공방이 전개되고 있는 양상은 바람직하지 못하다. 왜냐하면 정치권은 표계산에는 능수

능란하지만 문제의 본질에서 벗어나는 경우가 다반사이기 때문이다. 게다가 대한민국에서 국민들로부터 가장 불신을 받고 있는 집단이 바로 정치권이기 때문이기도 하다. 그러므로 정치인들은 K-방역을 정치기제로 활용해서는 안 될 것이다.

4. 신뢰사회로 가는 길

코로나사태로 인하여 서구 선진국에서는 생필품 사재기 광풍이 불었지만 우리나라에서는 그런 모습을 전혀 볼 수 없어 선진국들이 기이하게 여기고 있다. 그런데 지금과 달리 과거에는 정부와 사회에 대한 신뢰가 그리 높지는 않았다. 일례로 1983년 2월 25일 오전 10시 58분에 북한에서 이웅평 소령이 미그19기를 몰고 수원비행장으로 월남하였다. 그러자 화장지, 라면 등 생필품을 사재기하는 사람들이 많았다. 이와 마찬가지로 이번에 코로나사태가 발생하자 미국을 비롯한 서구 선진국들은 〈그림 32〉처럼 생필품을 사재기하였다.

불과 30~40년 전만 해도 우리는 이와 비슷한 모습을 보였지만 이제는 달라진 양상을 보이고 있다. 이는 시민들이 국가와 정부를 신뢰하고, 사회와 공동체에 대한 믿음이 자리하고 있기 때문일 것이다. 게다가 세계 최고의 정보통신기술과 로켓배송 등 실시간 배달 등 세계가 놀랄 정도의 인프라를 가지게 되었다. IT기술뿐만 아니라

〈그림 32〉 생필품을 사재기해서 텅 빈 유럽의 마트

출처: http://www.ohmynews.com/NWS_Web/View/at_pg.aspx?
　　 CNTN_CD= A0002617555

제도적으로, 사회적으로 대한민국의 사회가 성숙해지고 신뢰가 쌓이면서 이번 '코로나19'사태에서는 사재기가 전혀 없어 세계로부터 찬사를 받는 모범국가가 되었다.

위기는 또 다른 위기로 치달을 수도 있지만 위기를 잘 극복하면 또 다른 기회로 다가올 수 있다. 위기가 기회로 반전되기 위해서는 신뢰형성이 무엇보다 중요하다. 이를 위해서는 공공부문도 민간부문도 국민 모두도 공생共生의 가치에 귀 기울이고 함께 협력하는 것이 최선의 길임을 명심해야 한다.

K-방역의 성공에는 보이지 않는 신뢰가 바탕이 되고 있다. 공공부문과 민간부문, 전문가와 시민단체, 주민들과 지역공동체가 한마

음으로 어우러져 마치 합주회를 한 듯하다.

이번 코로나19사태에서 한국이 점차 신뢰사회로 나아가고 있는 모습을 확인할 수 있었다. 정치방역이란 용어가 등장하는 순간 신뢰사회로 나아가는 길은 궤도이탈을 할 우려가 커진다. 정치권이 대한민국의 신뢰열차에 동승하게 되면 지구촌에서 대한민국은 완전체로 재탄생할 수 있다. 정치권이 신뢰를 회복할 수 있는 길이 있는데 정치권 스스로가 내팽개치고 있으니 안타까울 뿐이다.

그럼에도 불구하고 대한민국은 신뢰사회를 향하여 한 걸음 한 걸음씩 나아가야 한다. 지금 정치권이 K-방역을 한층 더 살리는 길은 정치권이 K-방역에서 한 걸음 물러나 있는 것이다. K-방역이 성공하려면 정치권이 아니라 의료분야전문가 집단, 특히 국제의료전문가 집단에서 K-방역이라는 용어가 회자되어야 한다. 그러면 그럴수록 K-방역이 성공적으로 자리매김할 것이다. 더불어 K-방역에 대한 신뢰도가 높아질 뿐만 아니라 대한민국의 신뢰도를 향상시키는 데도 큰 도움이 될 것이다.

코로나19는 우리 자신을 돌아보게 만들었고, 이번에 발견한 우리의 모습은 긍정적인 것도 부정적인 것도 있다. 이제 우리가 해야 할 일은 긍정적인 것은 더욱 살려나가고 그렇지 못한 것은 개선해 나아가는 것이다. 이제 우리 모두는 코로나19가 물려준 유산을 토대로 대한민국이 새로운 STEP단계으로 도약해 나아가도록 해야 한다. 이를 위해 우리 모두 최선을 다하도록 하자!

영화 '박하사탕'의 마지막 대사처럼 소중한 일상으로 돌아가기 위해서 말이다.

"나 다시 돌아갈래. 일상으로!"

〈이창동 감독의 영화 '박하사탕'의 한 장면〉

〈참고문헌〉

- 고길곤·김범, "한국의 코로나19 대응평가에 대한 비판적 검토: 이슈의 변화와 경험적 근거 분석을 중심으로", 행정논총, 서울대학교 한국행정연구소, 2020.12.
- 국민건강보험공단·건강보험심사평가원, 통계로 본 건강보험 30년, 2007.
- 국토교통부 내부자료
- 국회예산정책처, 2019 조세수첩
- 미항공우주국(NASA), 2020.4.22.
- 서명옥, "현장에서 겪은 감염병 관리대응 – 메르스와 코로나19 중심으로", 수원시정연구원(SRI) 시민자치대학 온라인 특강, 2020.5.
- 송경진 역, 클라우스 슈밥의 제4차 산업혁명, 새로운 현재, 2016
- 수원시정연구원, 똑! 똑! 코로나19?, SRI 2020
- 수원시정연구원, 시민자치대학 온라인강의 자료집, 미발간, SRI 2020.
- 위키피디아, 전염병
- 위키피디아, Automattic
- 정형선, "한국보건의료제도의 특성과 중앙 및 지방정부의 역할", 수원시정연구원(SRI) 시민자치대학 온라인 특강, 2020.5.
- 최병대, "메르스사태와 정부의 대응", 「지방행정」, 제64권 제743호, 대한지방행정공제회, 2015.9.
- 최병대, "코로나19 전후 패러다임의 전환 및 우리에게 주는 교훈", 수원시정연구원(SRI) 시민자치대학 온라인 특강, 2020.5.
- 질병관리본부 감염병포털
- 질병관리청, 보도참고자료(2021.1.25.)
- 한국교통연구원 & KTX경제권 포럼, 'KTX 개통 10년 무엇이 달라졌을까'
- 한동운, "코로나19 팬데믹에 대하여 지방정부 및 주민들은 어떻게 대응해야 할까?", 수원시정연구원(SRI) 시민자치대학 온라인 특강, 2020.5.
- 유엔 지속가능발전해법네트워크SDSN, 2020년 세계행복보고서, (주)원일, 2020.

- Our World in Data
- World Bank, International Tourism

- 뉴시스, 2020.12.23.
- 동아일보, 2020.5.22.
- 문화일보, 2020.12.22.
- 문화일보, 2021.2.9.
- 조선일보, 2020.3.16.
- 조선일보, 2021.2.18.
- 중앙선데이, 2020.5.2.
- 중앙일보 2020.4.8.
- 중앙일보, 2021.2.16.
- 중앙일보, 2021.2.25.
- 통일시대, 2020.5. p.15
- 한겨레, 2020.12.2.
- 한국경제, 2020.5.08.
- 한국경제, 2021.2.2.

- http://www.koreadaily.com/news/read.asp?art_id=3450776
- https://www.donga.com/news/Inter/article/all/20200225/99870890/1
- https://news.joins.com/article/23772815
- https://news.chosun.com/site/data/html_dir/2020/04/15/2020041500125.html
- http://news.kmib.co.kr/article/view.asp?arcid=0014365519&code=61131111&cp=nv
- https://biz.chosun.com/site/data/html_dir/2020/04/13/

2020041302195.html
· https://news.mt.co.kr/mtview.php?no=2020040114363046807
· https://news.chosun.com/site/data/html_dir/2020/05/11/
2020051103530. html?utm_source=naver&utm_medium
=original&utm_campaign=news
· https://www.donga.com/news/Inter/article/all/20200411/
100604762/1
· http://www.hani.co.kr/arti/economy/economy_general/945488.html
· https://kisscast.tistory.com/3
· https://www.gov.kr/portal/ntnadmNews/1073682
· https://mehansa.com/p231/25077
· https://1boon.kakao.com/goodjob/5d2307d69da52550b3108fd9
· http://ilyo.co.kr/?ac=article_view&entry_id=372583springfieldbusines
sjournal.com/2020/03/27
· http://www.hani.co.kr/arti/sports/sports_general/941096.html
· http://www.hani.co.kr/arti/international/international_general/
945725.html
· https://www.yna.co.kr/view/AKR20210115113500017?section=search
· https://www.yna.co.kr/view/AKR20200407143500083
· https://blog.naver.com/myrkwhr164/221889135995
· https://www.news1.kr/photos/details/?4083170
· https://mehansa.com/p231/25077
· https://kisscast.tistory.com/3
· https://www.gov.kr/portal/ntnadmNews/1073682
· http://news.jtbc.joins.com/article/article.aspx?news_id=NB11239525
· https://www.wikitree.co.kr/articles/522550

- http://www.mdtoday.co.kr/mdtoday/index.html?no=416463
- http://www.doctorstimes.com/news/articleView.html?idxno=210254
- https://www.korea.kr/news/policyNewsView.do?newsId=148833298
- http://www.ohmynews.com/NWS_Web/View/at_pg.aspx?CNTN_CD=A0002617555